これだけは覚えたい

メール ＝ マナー ＋ ルール

ビジネスで好印象を与える メールの7つの決まりごと

ビジネスメール・インストラクター
水越浩幸

同文舘出版

まえがき

　私は毎日250〜300通のメールを受信して、50通ほどのメールを送信しています。受信するメールには、仕事のメールの他にも迷惑メールやメールマガジン、メーリングリスト、リマインダー（お知らせ）メールなどがあります。その中から重要なメールを見つけだし、さまざまなアクションを起こさなければなりません。
　普通であれば目を通すだけでも長時間を要しますし、返信や新規のメールを作成する作業時間は一通5分以上かかるでしょう。
　とすれば50通送るのに最低4時間！　一日の業務の半分以上を使ってしまい、これでは非効率と言わざるを得ません。

　しかし、私は一日のうちメール作業に充てている時間は1時間ほどです。しかも、メールだけでコミュニケーションを深めてゆき、新たな仕事につながることも度々あるのです。

　あなたは相手から届いたメールを読んで、不快に感じたり、思わず怒ったりしたことはありませんか？　また、相手に冷たい印象を感じたり、怖くなったりしたことはないでしょうか？
　「あるある！」と大きく頷かれているかもしれませんが、もしかするとあなたもそういう思いを相手にさせているかもしれないのです。
　メールを送る時は相手の顔が見えません。しかも、相手に届くのは文字情報だけです。このようなメールの特徴をしっかり把握して利用している人はそう多くありません。

とくに最近は携帯端末からのメールも増えているので、余計に言葉が足りなくなり、トラブルが起きやすくなっています。

しかし、不快に感じる原因を明らかにして、相手に好印象を与えるメールコミュニケーションがとれるようになったらどうでしょう。自信を持ってメールが送れるなんて、うれしくありませんか？

私の会社は大正10年創業の印刷会社です。私で三代目となりますが、数年前、これからの仕事のあり方を考えた際に思い切って印刷機械を手放し、パソコンでの制作を中心とする業態に変えていきました。同時に仕事の効率化も考え、お客様や外注先とは極力メールでコミュニケーションをとるようになりました。

ところが、メールの通数が増えるにしたがっていろいろな問題が出てきたのです。「メールで何を言いたいのかわからないため、結局電話で確認」「返信を要求しても返信がこない」「大切なメールが他のメールに埋もれて見つからない」……。メールが増えると共にストレスもたまっていき、思い悩む日が続きました。

そんな時、メール教育の専門企業であるアイ・コミュニケーション代表の平野友朗さんが開催していた「ビジネスメールコミュニケーション講座」をインターネットで知ったのです。「これだ！」と思い、早速参加しました。毎日たくさんのメールをやり取りしていたにもかかわらず、話の内容は知らないことばかり。目からウロコが落ちるとはまさにこのことでした。

ショックを受けた私でしたが、メールのルールこそもっと多くの人が知る必要があるという思いが強くなり、2009年10月、私はアイ・コミュニケーション認定のビジネスメール・インストラクター

になりました。そして現在はメールのルールやマナーの標準化を広めるべく、講座や研修を開催しています。

　私が定期的に開催している「ビジネスメールコミュニケーション講座」にも、毎回たくさんの方がご参加くださいます。

　本書は主に若いビジネスパーソンを対象として執筆しましたが、ビジネスでメールを利用しているすべての方に読んで頂きたいと思います。本書を読むことにより、私のビジネスメールコミュニケーション講座に参加したのと同様の知識を得ることができます。具体的には次のようなメリットがあります。

❶何が正しくて、何が間違っているのかを知ることができます
❷メールの送受信を効率化できます
❸メールで円滑なコミュニケーションをとることができます
❹メールだけで仕事がとれることもあります
❺ソーシャルメディアにも活用できます
❻人に教えることができます

　このようにメールのルール、マナーを正しく身につけることで、自信を持ってメールコミュニケーションをとれるようになります。そして好印象を与えるメールは、やがて大きな信頼とチャンスを引き寄せることになるでしょう。
　本書がみなさまのビジネスの成功につながれば、これに勝る喜びはありません。

2011年5月　　　　　　　　　　　　　　　　　　　　水越浩幸

ビジネスで好印象を与える メールの７つの決まりごと

Contents

まえがき

1章　自信を持ってメールコミュニケーション

- **01** 今後も通数が増え続けるビジネスメール ……… 010
- **02** なぜ起こる？　メールのトラブル ……… 012
- **03** 教えられていないメールのルールとマナー ……… 014
- **04** まずはメールのメリットを知ろう ……… 016
- **05** デメリットを知ることも大切 ……… 018
- **06** そのメール、送っても大丈夫!?　５つのチェックポイント ……… 020
- **07** 「好印象を与える」メールの重要性 ……… 023
- **08** 大切なのは繰り返しのアウトプット ……… 025

Column　携帯メールの顔文字には要注意！

2章 これだけは押さえたい基礎ルール

- **01** あなたのメールは大丈夫? ……………………………………… 028
- **02** 件名はできるだけ具体的に ……………………………………… 030
- **03** 送信者(差出人)名はひと目でわかるように ………………… 033
- **04** まずは「会社名+名前」の宛名を忘れずに! ………………… 035
- **05** 書き出し(挨拶)はバリエーションを持って ………………… 038
- **06** まずは自分を名乗りましょう …………………………………… 040
- **07** メール本文の組み立て方 ………………………………………… 043
- **08** はじめに概要や結論を述べておく ……………………………… 045
- **09** 結びの言葉は最低限の礼儀です ………………………………… 048
- **10** 署名は相手にとって大切な情報源 ……………………………… 050
- **11** To、CC、BCC は使い方に要注意 ……………………………… 052
- **12** メールに添付する時の注意事項 ………………………………… 055
- **13** 顔文字や(笑)はどう使う? …………………………………… 057
- **14** 気をつけよう、不快につながる3大機能 ……………………… 058
- **15** 送信ボタンをクリックする前に ………………………………… 060

Column いったい、あなたはだれですか?

3章 ちょっとした工夫でワンランクアップ

- **01** 内容と同じくらい見やすさが大切な理由 ……………………… 064
- **02** 一文は短く20〜30文字、3〜5行で空行を ………………… 067
- **03** 記号や罫線を有効的に使おう …………………………………… 069
- **04** 迷惑な文字化けメール、機種依存文字は使わない ………… 071

05	24時間以内の返信を心がける	073
06	曖昧な表現は使わない	076
07	返信は部分引用が効率的	079
08	転送は本文に意図がわかる文章を入れる	082
09	メールチェックの時間帯を決めておく	086
10	驚くほどスピードアップ！　文章の単語登録	087
11	ブラッシュアップ＆効率化、丸ごとテンプレート	090
12	フォルダ管理と振り分けで、大切なメールを見逃さない	093

4章　言いにくいメールはこうつくる

01	言いにくいメールを送る心構え	098
02	謝罪はメールではなくまず電話で	099
03	謝罪のメールで忘れてはいけないこと	101
04	断りのメールには必ずお礼の言葉を	104
05	催促のメールを送る前に確認しよう	106
06	自分の意思をはっきりと伝える	109
07	社内の相手に言いにくいメールを送るには	111
08	判断を仰ぐ場合は必ず返事をもらうこと	113

5章　そのひと手間がコミュニケーションを深める

| 01 | 相手に好印象を与えるメールとは | 116 |
| 02 | 相手を気遣う言葉が心をつかむ | 118 |

03	好感が持てる書き出しとは	121
04	好感が持てる結びの言葉とは	123
05	相手に好印象を与える言い回しとは	125
06	距離を縮めるひと言を	128
07	季節の挨拶で柔らかな雰囲気を	130
08	前文で気持ちをほぐすには	133
09	追伸で差別化を図る	135
10	感謝は文章の量で表す	139
11	敬語の正しい使い方	142

Column　返信がないと着信がわからない

6章　これだけは覚えたいファーストメールマナー

01	ファーストメールが重要な理由	148
02	やはり大切、素早いアクション	151
03	送信者名と件名が重要	153
04	できるメールは見た目で左右される	156
05	相手との関係性や目的などを明記	158
06	要点をわかりやすく伝えよう	160
07	署名もしっかりつくっておこう	162
08	自動返信をもっと活用しよう	164
09	名刺交換時にチェックすること	166
10	メールでの営業はあせらずじっくりと	168
11	メールとあなたの印象はリンクする	169

Column　出版の打ち合わせの日にあの大地震に遭遇

7章　これからのメディアでビジネスメール応用術

- **01** ノマドワーキングでどこでもメール活用 ……………… 172
- **02** G-mail を使ってみよう ……………… 174
- **03** 携帯からパソコンへ送るメールの注意点 ……………… 176
- **04** パソコンから携帯へ送るメールの注意点 ……………… 179
- **05** メールマガジンは 1 対 1 を意識して ……………… 181
- **06** ソーシャルメディアでも思いやりのあるライティングを ……………… 186
- **07** ブログで手軽にコミュニケーション ……………… 188
- **08** ビジネスで Twitter を使うには ……………… 190
- **09** ビジネスには Facebook ページを使おう ……………… 192

Column　USTREAM の巻き込み力はすごい！

あとがき

カバーデザイン　新田由起子（ムーブ）
本文デザイン・ＤＴＰ　新田由起子、武藤孝子（ムーブ）
本文イラスト　たかまる堂（おがた　たかはる）

1章

自信を持ってメールコミュニケーション

01 今後も通数が増え続ける ビジネスメール

メールは重要なコミュニケーションツール

　私がメールを使い始めたのは1995年頃ですが、当時メールでのやり取りは一週間に数通程度でした。それが今では迷惑メールを含めると、毎日300通近いメールを受信しています。

　プライベートにおいても携帯でのメールが当たり前ですし、企業では仕事を円滑に進めるためにビジネスメールを利用します。また、大勢の人に一斉に送信するメールマガジンやメーリングリストなどを活用する人も増えており、ビジネスでのメールは今後も重要なコミュニケーションツールとして利用されていくでしょう。

　ところで、ビジネスパーソンに届くメールの通数が増えている主な理由ですが、

❶迷惑メールの増加
❷メールマガジン、メーリングリストの増加
❸不必要なやり取りのメールの増加
❹携帯メールの利用者の増加

などが考えられます。

　メーラー（電子メールソフト）の性能が上がっているので、迷惑

メールのほとんどが「迷惑メール」フォルダに振り分けられますが、それでも数通が受信箱に入ってくることがあります。

　メールマガジンは一時期よりその勢いは衰えつつありますが、独自配信によるプッシュ型の重要な営業ツールとして活用する人は着実に増えています。メーリングリストも参加者限定の情報共有のために手軽に利用できるという点で重宝されています。

　企業では、取引先への報告メールはとりあえず上司にもCCで送るという慣例があったり、一回で済む日程の調整を何度もやり取りするなど、自覚症状のないまま無駄なメールを増やしているところがまだまだあります。

　携帯メールはどちらかというとプライベートで使われることが多いと思いますが、ビジネスでも、外出先でのメールのチェックや急ぎの返信などで利用する人が増えています。

　このように、送信すればすぐに相手に届くプッシュ型のコミュニケーションツールであるメールは、ビジネスでもプライベートでも、今後まだまだ増えていくでしょう。

　それだけに、無駄なメールの通数を減らし、見やすくてわかりやすいメールを届けることは、**相手のみならず、自分の仕事を効率化する上でもとても重要なこと**なのです。

02 なぜ起こる？メールのトラブル

顔が見えないために独りよがりになりがち

いつも何げなく利用しているメールで、実は相手を怒らせていた、不快な思いをさせていた、ということは、本人が気がついていないだけで意外とあるものです。

社内でのメールや、気心の知れた仲間同士のメールなら多少の失敗は笑って済ますことができても、ビジネスでは一通のメールや、時にはあなたが書いた"たったひと言"が、取引の成約を左右する場合もあるのです。

あなたは、送られて来たメールの文章を読んで「冷たい言い方だなぁ」「何を言おうとしているのかな？」と感じたことはありませんか？　そう思った時、相手にそのことを指摘しましたか？

また、あなた自身も相手の名前に「様」を忘れたり、宛名間違いなどの失敗をしてしまった経験はありませんか？　その時、相手はそのことを指摘してくれたでしょうか？

今の関係に波風を立てたくないという思いから、お互い指摘しづらいということがあるでしょう。また、メールの送受信は通常、目の前にあるパソコンや端末から送って、目の前にあるパソコンや端末で受け取ります。そこに第三者が介入しないこともあり、間違い

が指摘されにくいということもあります。

　メールは無料で手軽に始められるコミュニケーションツールです。友人や家族との連絡には電話やFAXよりもメールを使うほうが多いという人もたくさんいるでしょう。
　しかし、プライベートと同じように「こんにちは♪」などと初めてのお客様に音符マークを付けてメールを送ったらどうでしょう。「なんだ！　礼儀を知らないのか！」と思われるか、「仕事ができない人だな。きっとダメな会社なんだろうな」と信用されず、会ってもらうことさえできないかもしれません。

　自分は大丈夫！　と思われるかもしれませんが、**顔の見えない相手とのメールコミュニケーションは独りよがりになりがちなのです**。それだけに、ビジネスメールの正しいマナーを知り、心遣いのあるメールを届けることは、無駄なトラブルを回避し、相手とのコミュニケーションをより円滑にすることができるのです。

03 教えられていないメールのルールとマナー

すべての企業でビジネスメール研修を！

アイ・コミュニケーションが2010年6月に行なったビジネスメール実態調査2010（有効回答数697人）によると、「ビジネスメールを何で学びましたか」という質問に、「書籍で学んだ（46.94％）」「インターネットで学んだ（46.51％）」「雑誌を読んで学んだ（28.82％）」という答えが続きます。つまり、ほとんどの方が独学で学んでいるという実態が浮かんできます。

【Q：ビジネスメールを学んだことがある方へ、実際に何で学びましたか（複数回答可）】

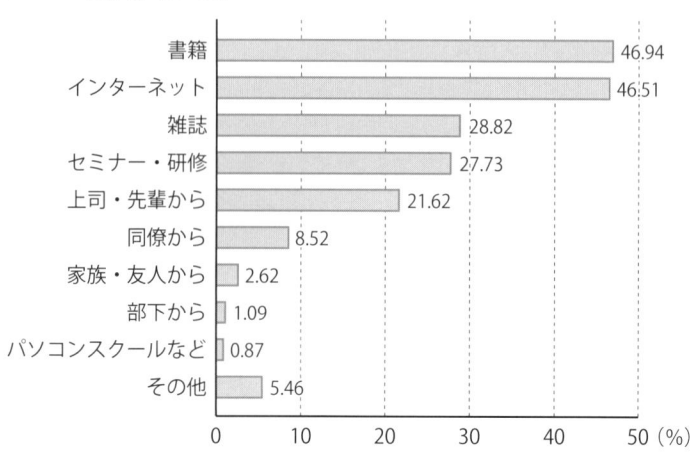

会社に入ってから行なう一般的な研修の中には、「電話応対マナー研修」「接客マナー研修」などがありますが、これだけ多くの人が利用しているビジネスメールについて研修が行なわれていないというのが不思議でなりません。

　「メールは学生の時から利用しているから必要ないよ」「今さら何を学ぶの？」という声をよく聞きます。ではなぜ電話は子どもの頃から使い慣れているのに、研修をする必要があるのでしょう。人と会ったら挨拶をするというマナーなど、それこそ毎日と言っていいほどしているのに、なぜ改めて研修が必要なのでしょうか。

　それは、仕事を進めていく上での必要なルール、マナーが**プライベートの時とは違う**からです。

　プライベートと同じノリや言葉遣いで電話応対や挨拶をしていたらどうなるでしょう。「仕事ができない」というレッテルを貼られてしまうかもしれません。それはメールも同じです。

　以前私のビジネスメールコミュニケーション講座にご参加いただいたアイビー・ウィーの今駒哲子さんは、「ビジネスを始めて10年以上、メールマナーの共有化は重要だと考えていました。ここで得たマナーを自信をもって広めることができるようになりました」と話してくださいました。

　ビジネスでのメールコミュニケーションがますます重要になっている今こそ、ビジネスメールの標準的なルール、マナーを学ぶべきではないでしょうか。

04 まずはメールのメリットを知ろう

メリットを知ることで力強いコミュニケーションツールになる

　メールは非常に便利で気軽に使えますが、実は大変奥の深いツールです。

　それだけに、メリット、デメリットを知らずに使うと、人間関係がうまくいかなくなったり、時には大きなトラブルに発展することもあるのです。逆にしっかり把握しながら使いこなすと、ビジネスで強力なコミュニケーションツールとなります。

　まずここでは、だれにでも共通するメールのメリットを覚えておきましょう。

【メリット❶　速い！】

　送信ボタンを押せば瞬時に相手に届きます。しかもデジタルデータを添付できますので、従来郵送を利用していた書類や原稿なども、添付して送ることで、簡単に確認作業を行なうことができて効率化が図れます。

【メリット❷　ローコスト！】

　電話や郵送は料金がかかります。厳密に言えば、電気代などが発生していますが、メールのコストは限りなくゼロに近いと言っていいでしょう。

【メリット❸　1度に複数の宛先に送信できる！】

　メールは同時にたくさんの人に送ることができます。10人、いえいえ100人を超えても、1回の送信で済んでしまいます。

【メリット❹　いつでも、どこでも！】

　夜中でも、また相手が海外にいたとしても、メールを送ることが可能です。しかも国内と同じくコストはほぼかかりません。

【メリット❺　読みたい時に、読みたい場所でチェックできる！】

　メールを受け取った相手は、読みたい時に開けますので、電話のように相手を拘束することはありません。

【メリット❻　履歴が残る！】

　送受信が履歴として残るので、電話や口頭でありがちな、「言った・言わない」のトラブルがなくなります。

【メリット❼　データとして利用できる！】

　デジタルデータですから、簡単に加工することができます。メールで送られてきた文章を加工することにより、そのままWEBや印刷用のデータとしてすぐに利用することができます。

　このようにメールには、他のツールにはないメリットがたくさんあります。まずはこれらの便利なメリットをしっかり覚えておいてくださいね。

05 デメリットを知ることも大切

知っているようで知らないメールのデメリット

前の項ではメールのメリットについてお話ししましたが、メリットがあればデメリットもあります。ここではメールのデメリットについてお話しします。

【デメリット❶ 送信ボタンを押したら最後!】

送信ボタンを押せばすぐに相手に届きますが、それを取り消すことはできません。私はずっと以前、送信ボタンを押した瞬間に間違いに気がつき、あるはずのない「削除ボタン」を慌てて探したという笑い話のような体験があります。

【デメリット❷ 正確に伝わりづらい】

電話や対面では伝わる細かい表現が、文字情報のみのメールでは伝わりにくく、解釈の誤解でトラブルになることがあります。

【デメリット❸ リアルタイムで共有できない】

例えば、あなたが「おはようございます」という挨拶のメールを送っても、相手が夜になってからメールを開いたとしたら、違和感を覚えるかもしれませんよね。メールは時間、空間の共有がしにくいツールです。

【デメリット❹　表情や雰囲気がわかりづらい】

「いいです」と返されたメール——、「よい」のでしょうか、それとも「悪い」のでしょうか。対面でのコミュニケーションであれば、相手の表情や雰囲気などから推測できることも、文面のみでは与えられる情報が少なく、その真意がわかりにくく、トラブルに発展することも多いのです。

【デメリット❺　届いているかわからない】

相手からアクションがない限り、メールが届いたのか、読んでくれたのかがわからず、不安ですよね。あなたがメールをもらった場合も返信をしないでいると、相手は同じように「本当に届いているかな？」というストレスを感じていると覚えておきましょう。

【デメリット❻　すべての人が使えるとは限らない】

今時メールを使えない人が!?　と驚かれるでしょうが、実際にビジネスでメールを使っていない人も、少なからずまだいらっしゃいます。メールはおろか、いまだにFAXもないため、原稿をお客様の店まで取りに行っていると印刷会社の知人が話していました。メール以外のコミュニケーションツールは当然用意しておかなければなりませんね。

いかがですか？　知っているようで意外と知らないメールのデメリット。メリットとともにデメリットも把握することで、無用なトラブルを避けることができるようになります。

06 そのメール、送っても大丈夫!? 5つのチェックポイント

状況に応じたツールを使いこなそう

メールのメリットとデメリットを知ることで、状況に応じてメールにするか、またはメール以外のツールにしたほうがいいのかがわかってきます。

例えば、会社の場所を知らせたい時などは、すぐに画像も届くというメリットを活かして、電話で説明するよりも地図の画像データを添付したり、また地図サイトのリンクをメールすることで、より早く、より詳細に伝えることができます。

逆に、ミスをしてしまった時の謝罪などは、細かい表現が伝わりにくい文字情報だけのメールより、直接顔を合わせて謝ったほうが相手に確実に気持ちが伝わるでしょう。

相手との関係性や状況によってツールを使い分けることが大切なのです。

そこで、メールで伝えるべきかどうか迷ったら、次の5つのポイントをチェックして、メールがよいのか他のツールを使うべきなのかを考えるようにしてみましょう。

❶緊急性をチェック！

例えばあなたがお客様と11時にアポイントを取っていたとしま

す。ところが9時の時点で急用が入り、どうしても会えなくなってしまいました。

　その時、キャンセルを伝える手段としてメールを使ってよいか考える必要があります。メールでキャンセルを伝えたとしても、**相手が必ず見るという保証はどこにもありません**。こういった緊急度が高い場合は、確実に相手に伝わる電話を利用すべきでしょう。

❷重要性をチェック！

　仕事でミスをした場合などは、メールよりも電話、または直接会いに行って謝罪したほうがいいでしょう。とくにそれが初めての仕事であれば**信頼問題**になるのでなおさらです。

　とはいえ、例えばメールでの添付忘れの度にいちいち相手の会社に行って頭を下げるというのは行きすぎですよね。

　その物事の重要度が高いか低いかでツールを使い分けていきましょう。

❸相手の要望をチェック！

　しかし、すべての人が電話や対面での謝罪を求めているかと言えば必ずしもそうではありません。「**どんな場合でもメールで連絡してよ**」という方も中にはいらっしゃるでしょう。そういう場合は状況を考えつつ、メールと電話を併用するなど臨機応変に対応します。

　こちらの都合ではなく、**相手が望むコミュニケーションが何か**を知っておくといいでしょう。

❹情報量をチェック！

　情報量が多い場合、電話など口頭ではなかなか正確に伝えきれな

いこともあると思います。例えば、メールにはリンクの機能がありますから、WEBサイトにリンクすることにより、正確に情報を伝えることが可能です。

　また、対面や電話で打ち合わせした後に、メールで内容をおさらいし確認することにより、**お互いに情報を正確に把握することも**できます。

❺気持ちを伝えたいかチェック！
　メールは文字情報のため、感謝やお詫びなど、こちらの「気持ち」が伝わりにくいツールです。「ありがとうございます」「申し訳ありませんでした」の一行からは、なかなかその思いが伝えきれません。**より心のこもった感情を伝えたければ、電話や手紙、もしくは直接顔を合わせて話したほうがいいでしょう。**

　これら５つのポイントを念頭に置いてメールを作成すれば、迷った時でも物事の優先順位を整理して考えることができます。

07 「好印象を与える」メールの重要性

文字情報だけというデメリットを克服する

　ビジネスでのメールは、ルール、マナーを学んだらもう大丈夫！　と安心できるものではありません。確かにルールやマナーを知らないメールが横行している中で、しっかり学んだあなたのメールは相手から読まれる確率が高くなり、情報を確実に伝えることができるようになっているでしょう。

　しかし、気をつけてくださいね。メールというものはその人の印象をも決めてしまうことがあるのです。

　毎回情報だけを淡々と伝える短い言葉のメールでは、「冷たい」「怒っている」という印象を持たれるでしょうし、要点が伝わらず何を言いたいのかよくわからないというメールでは、なんとなく「仕事ができない人」という印象を与えてしまいます。

　お客様がメールボックスであなたからのメールを見つける度に、「あの人からのメールか……」とため息をついていたら、この先の仕事がうまくいくとは思えませんよね。

　例えば、このようなメールはどうでしょうか。

改善前

違います。
こちらでお願いしているのはA案です。

ビジネスのメールにも、相手を気遣う文章や、思いやりのひと言、気分をよくする言い回しなどが少しでも入っていたらどうでしょう。メールを読んで悪い気はしないでしょうし、コミュニケーションが活発になり、今まで以上に気持ちよく仕事を進めることができるようになるでしょう。

改善後

お忙しいところ申し訳ございません。
お願いしているのはＡ案だと思いますが、
念のためこちらでも再度確認いたします。

　ビジネスのメールでは、まだ一般的に相手を気遣うという意識が少し低いようです。だからこそ、ちょっとしたひと手間をかけるだけでも「思いやりがある」「気がきく」「仕事ができる」という好印象を持ってもらうことができるのです。

　本書でビジネスにおけるメールのルール、マナー、そして好印象を与える書き方をマスターすれば、あなたは強力なコミュニケーションツールを手にすることになるのです。

08 大切なのは繰り返しのアウトプット

本書を横に置いてメールをつくってみよう

　新社会人の中には、メールの機能や言葉遣いなどを、インターネットで調べたり、本を読みながら覚えている、という方もいるかもしれません。

　しかし、当然のことながら大切なのはアウトプット。**日々のメールコミュニケーションにしっかり反映させることです。**

　私が毎月開催している「ビジネスメールコミュニケーション講座」には、さまざまな世代、職種の方々が参加されています。講座は、基本的な知識に加え、ワークを交えているので、聴講するだけの受動的なセミナーより身につきます。しかし、ここでインプットしたことがビジネスのメールに活かされているかは、実際にメールを見てみないとわかりません。そこで、受講後できるだけ早く、感想または質問などを、私宛にメールで送ってもらうようにお願いしています。送ってこられる方のほとんどが80点以上のメールなのですが、残念ながら100点満点のメールはごく少数です。アウトプットの難しさを痛感しています。

　本書を手に取ってくださったあなたは、メールを送る際はぜひ横に置いて、一つひとつ確認しながら作成してみてください。その繰り返しで、**素晴しいメールがつくれるようになり、自信を持って**メールコミュニケーションがとれるようになるでしょう。

Column

携帯メールの顔文字には要注意!

　最近はメールで顔文字や絵文字を使われている方が多くいます。

　しかし、私は「ビジネスメールでは基本的には使わないほうがいいですよ」とお話しさせていただいています。

　以前こういうことがありました。

　「メールセミナーに参加してみたいのですが、私が行っても大丈夫でしょうか?」

　という問い合わせが携帯メールで届きました。

　この方は私の知り合いで、少々引っ込み思案なところがあり、心配されて送ってこられたメールでした。私は以前からの知人だったこともあり、

　「とにかく一度参加してみてください (ˆ 人 ˆ)」

　と、お願いを表す顔文字を入れて携帯に返信しました。ところが　彼女からの返信メールは、

　「私が行くとまずいんでしょうか……」

　という予想もつかない内容。慌てて電話すると、どうも顔文字の (ˆ 人 ˆ) を (ˋ ヘ ˊ) と認識して、私が怒っていると勘違いしたらしいのです!

　携帯の視認性を考えるとわからなくもありません。まあ、この場合は特別な例かもしれませんが、顔文字にかかわらず、文字情報だけのメールは、普段よりもなお一層、気を遣って送りたいものです。相手が初めての方であればなおさらです。

2章

これだけは押さえたい基礎ルール

01 あなたのメールは大丈夫？

知っているようで知らないメールの基礎ルール

　メールというのは送信したからといって、絶対に相手に読まれるとは限りません。相手に届かないことも稀にありますし、届いていたとしても迷惑メールと認識されて振り分けられたり、読む前に誤って削除されたり、相手が大量のメールを受け取っている人であれば、見すごされて放置されることだって十分考えられるのです。

　そしてたとえ読まれたとしても、相手に不快な思いをさせたり、内容が正しく伝わらず、それこそ"迷惑をかけるメール"になる可能性も十分考えられます。

　相手にメールを開いてもらい、好印象を与えつつ正しく情報を伝えるためには、基本的なメールのルールとマナーを学ぶ必要があります。

　右ページの修正が必要なメールサンプルをご覧ください。どこをどのように修正すべきかわかりますか。このメールからこの章の各項目で学ぶメールの基礎ルールを見ていきましょう。

❶件名　　❷送信者名（差出人名）　　❸本文
❹署名　　❺宛て先：To、CC、BCC　　❻添付

【修正が必要なメールサンプル】

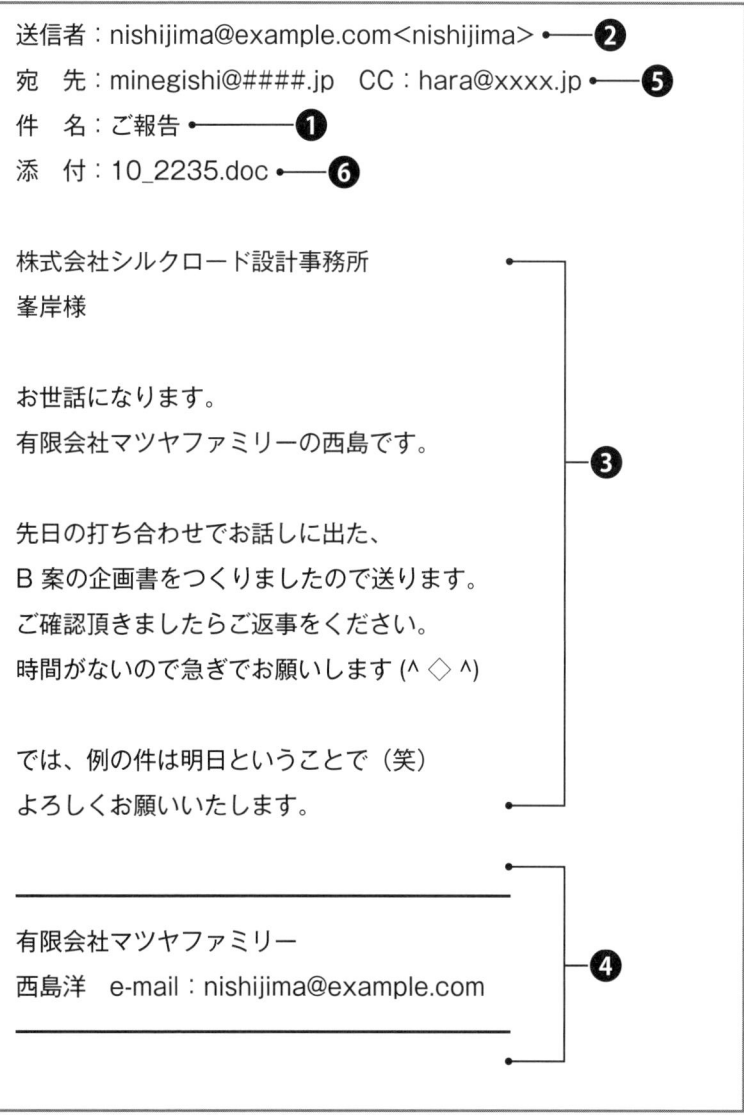

02 件名はできるだけ具体的に

5W1Hを意識して考えよう

メールボックスに届いているメールを確認する場合は「送信者名」と「件名」から、「だれから」の「どんな」メールかを判断します。

その時に、29ページ❶のように、あなたの送ったメールの件名が「ご報告」だけだったら、「何の報告だろう?」「スパムメールかな?」と思い、相手はクリックするのをためらうかもしれません。実際、迷惑メールには「ご報告」「重要」といった件名が多いのです。

相手の頭の中には、時間に追われる業務の中で、いろいろな「報告」があります。「会議」に関する報告、「イベント開催」に関する報告、「研修」に関する報告……。

そのために、「ご報告」だけの件名だと、何の報告かわからず、開いてもらうための優先順位が低くなってしまうのです。特にメールの通数が多い方の場合はその傾向が強くなります。

あなたのメールを開いてもらうためにも、件名を付ける時は、内容を具体的に表すように「5W1H」、つまり「What(何を)、Who(だれが)、Where(どこで)、When(いつ)、Why(なぜ)、How(どうやって)」を意識しましょう。

【件名を具体的に変えよう】

ご報告 … ×
↓
3/11　第3回理事会のご報告 … ◎

お礼 … ×
↓
5/18　ビジネスメール研修のお礼 … ◎

重要なお知らせです … ×
↓
【重要】サマータイム導入についてのお知らせ … ◎

お見積もりの件 … ×
↓
新春特売チラシ印刷のお見積もりについて … ◎

　また、件名には後から検索されることを意識してキーワードを盛り込むようにしましょう。たまに自分の名前だけの件名や、挨拶だけの件名を見かけますが、内容がまったくわからず、検索する時に不便です。
　探しやすく、目視しやすいキーワードを意識して付けるようにしましょう。

【キーワードを含む件名にしよう】

おはようございます … ×
↓
【議事録を添付します】昨日のサポート会議の件 … ◎

必ず返信ください！ … ×
↓
（ご返信ください）子ども会実行委員会出欠の件 … ◎

水越浩幸です … ×
↓
セミナーのアンケート送付について（水越浩幸） … ◎

　ところで、ビジネスのメールでは、何度もやり取りをしているうちに内容がまったく変わっているということがよくありませんか？「件名は変えずにそのままでいいのでしょうか？」という質問もよく受けます。
　件名は内容を表すものであり、後から調べるためにも内容に沿った件名であることが大切になってきます。やり取りしているうちに**内容が変わったと思ったら、件名も変えるようにしましょう。**

03 送信者（差出人）名は ひと目でわかるように

メールボックスに表示される送信者名が重要

　前の項目で、一般的にメールを開くには「送信者名」と「件名」を確認して判断すると述べました。ここでは送信者名についてお話しします。

　結論から言いますと、送信者名は日本語で「名前＋会社名」もしくは「会社名＋名前」にします。

▶平野友朗（有限会社アイ・コミュニケーション）
▶有限会社ミズコシ（水越浩幸）

　29ページ❷のように、送信者名が英語やメールアドレスになっている方を見かけますが、スパムメールに間違えられたり、誰から送られてきたのかわかりづらく、すぐに開いてもらえない可能性があります。あなたのメールは送信者名が英語になっていませんか？　確認して、すぐに修正しましょう。

　また、ひらがなやカタカナで表示されている送信者名を見ることがありますが、ブランディングの関係で意識的に使う場合を除いて、通常のビジネスでやり取りする場合は漢字を使いましょう。

【送信者名のよくない例】

▶英語　…　mizukoshihiroyuki
▶ひらがな　…　みずこしひろゆき
▶ハンドルネーム　…　daihanjo
▶ペンネーム　…　水玉三郎
▶イニシャル　…　h.m

　ただし、海外とのやり取りがある場合は、送信者名は英語になります。その場合、国内で利用する際は、「件名」の最後にカッコで名前を入れるなどして、相手に誰から来たメールなのかがわかるようにしておきます。

(送信者名)
Hiroyuki mizukoshi

(件名)
4/20　GW企画の件（有限会社ミズコシ　水越浩幸）

　なお、送信者名の設定に関しては154ページを参照ください。

04 まずは「会社名＋名前」の宛名を忘れずに！

だれに書いているのかをしっかり表示

　メールを開いたとたん、冒頭からいきなり「弊社の商品は……」と商談に入っていたらどう思いますか？　どこのだれかもわからず、不快に感じる方もいらっしゃるでしょう。

　本文の最初には、だれに対してのメールなのかを明確にするためにも、相手の会社名、屋号などを入れ、その後にフルネームで個人の名前を続けて入れます。法人であれば、会社名、部署名、役職、名前と続きます。

改善前

相田さん
お世話になります。
水越浩幸です。

> **改善後**
>
> 株式会社蔵屋グラフィック
> 営業部　部長
> 相田広行様
>
> お世話になっております。
> 有限会社ミズコシの水越浩幸です。

> **改善後**
>
> 株式会社蔵屋グラフィック
> 営業部
> 相田広行部長
>
> お世話になっております。
> 有限会社ミズコシの水越浩幸です。

　会社名を入れずに苗字だけで送る方がいらっしゃいますが、はじめのうちはできるだけ会社名、姓名を書くようにしましょう。何度もやり取りをして気心が知れてきたなと感じたら、ひらがなの「さま」や「さん」にしてみるのもいいでしょう。親しみを表現することができます。

株式会社梶野ブックス
鴨下聡さま

また、相手の名前に付ける敬称ですが、「殿」は目下の人に対しての敬称なので、「様」を使うのが無難です。初めてのメールでいきなり「さん」付けも軽すぎますので注意しましょう。

改善前

杉山殿

はじめまして。
水越浩幸です。

改善後

杉山一郎様

はじめまして。
有限会社ミズコシの水越浩幸です。

複数の人に送るメールで、宛名に「○○各位殿」としている人をたまに見かけますが、これは間違いです。「**各位**」にすでに敬意が含まれていますので、その後に「様」や「殿」は不要となります。

また、宛名が会社名、団体名だけの時には「**御中**」を付けます。

株式会社ステージライフ御中

05 書き出し（挨拶）は バリエーションを持って

相手や状況に応じて変えてみる

相手の名前を書いたら、次に書き出しの挨拶を入れます。

▶お世話になります。
▶大変お世話になっております。

この書き出しは皆さんよく使われると思いますが、気をつけなければならないのは、初めての方に送るメールです。初めての方に「お世話になっております」では何とも間の抜けたメールになってしまいますので、このように書きましょう。

▶はじめまして。
▶はじめてメールさせて頂きます。

相手によっては多少堅い文章にしたほうがよい場合もあります。受け取ったメールが堅い文章であったら、こちらも合わせて堅い文体で送りましょう。相手に応じた書き出しが重要です。

▶平素より大変お世話になっております。
▶平素より格別のご高配を賜りありがとうございます。

　他にもいろいろありますが、その時の状況や相手との関係性をよく考えながら書き出しをつけましょう。いくつかバリエーションを持っておくと便利です。

▶社内の挨拶　…　お疲れ様です。
▶久しぶりの挨拶　…　ご無沙汰いたしております。
▶相手の返信が早い時　…　早速のご返事ありがとうございます。

　また、「おはようございます」は、相手のメールチェック頻度が低い場合、夜になってから確認することも考えられます。その場合は違和感を覚えさせてしまう可能性もありますので注意が必要です。

06 まずは自分を名乗りましょう

安心してメールを読んでもらうために関係性を明記

　このようなメールを受け取ったことはありませんか。

先日はありがとうございました。
とっても助かりました～。
見積りの件、ご返事お待ちしてます。
よろしくお願いいたします。

　「一体だれからのメールだろう？」
　そう思われないためにも、**宛名、書き出しの後には自分を名乗り
ましょう**。「署名に名前を入れているからいいのでは？」と、名乗
らない人もいますが、冒頭にだれが書いているのかをはっきりさせ
ないと、「あれ？　だれからのメールだろう……」と相手に不安を
与えながら読ませ続けることになります。また、名乗ることにより、
最初からはっきりしたイメージで速やかに内容を確認してもらうこ
とができるのです。

改善前

株式会社ナレッジシンフォニー
宮田修一様

お世話になっております。
先日お送りした文書ですが、再確認願いたいのです。

改善後

株式会社ナレッジシンフォニー
宮田修一様

お世話になっております。
有限会社ミズコシの水越浩幸です。
先日お送りした文書ですが、再確認願えますでしょうか。

　社内メールでは自分の部署と名前だけでもいいのですが、社外の、とくに初めての方にメールを送る場合は、いつ会ったのか、またはどのような経緯でメールを出すことになったのかなど、相手との関係性を明記するようにしましょう。

　送り主がだれだかわからないと相手は身構えてしまい、よくない印象を与えかねません。

改善前

こんにちは。
株式会社山本コンピューターの富澤敬幸です。

改善後

こんにちは。
昨日のビジネス交流会で名刺交換させて頂いた、
株式会社山本コンピューターの富澤敬幸です。

　プライベートの携帯メールと同じ感覚で宛名や挨拶を書かずに、ビジネスのメールを送っている方に多く見られます。もし署名もなく送信者名がハンドルネームなどになっていたら、それこそどこのだれからのメールかわかりません。

　また、休日などに自宅から会社とは違うアドレスで送るような場合、名乗らなかったばかりに相手に認識されず、大切なメールを読んでもらえないという可能性も出てきます。
　常に冒頭で「自分を名乗る」という習慣を身につけておくようにしましょう。

07 メール本文の組み立て方

相手に伝わる文章をつくろう

　宛名、書き出し、名乗った後は本文をつくっていきます。しかし、書き始めたとたん手が止まってしまい、送るのに時間がかかってしまうということはありませんか？　頭で考えながら文字を打ってもなかなか先には進みません。「なんか違うな……」と途中で入力したものを削除する……。こんなことを繰り返していては効率が悪いですよね。

　実は「ビジネスメールの悩みは何ですか？」という問いに対し、多くの人が「メールの作成に時間がかかる」ことをあげています。メールの通数が増えている中で、効率よくメールを作成したいというのは共通の思いでしょう。

　そこでまず、次の3点を確認しながら本文を書くようにしてみましょう。

❶何のことか
❷それはなぜか
❸どうしてほしいのか

> 毎年恒例のイベント「さくら祭」協賛のお願いです。
> 今回はイベントの期間が一日長くなるため、
> 一社でも多くの企業様にご協力いただきたく存じます。
> 下記詳細をお読み頂き、ご返信をいただきますよう、
> よろしくお願いいたします。

　この3点を押さえておけば、多少長くても相手に伝わる文章をつくることができます。

　ただあまりに長すぎる場合は、数回に分けて送るか、別にテキストファイルとして添付したほうがいいでしょう。レイアウトがある程度決まっている書類などは、メール本文では崩れてしまいますので、必ず別ファイルで作成して添付するようにします。

　また、よく書くメールはテンプレートにして保存しておくと、毎回新たに書く必要がないので大変便利です（90ページ参照）。

08 はじめに概要や結論を述べておく

すぐに内容がつかめるメールは好感度アップ

あなたが毎日受け取るメールの中に、「いったい何を言おうとしているんだろう？」と考えてしまうようなメールはありませんか？文章がやたら長いだけで、要点がつかめないため、仕方なく再度確認メールを送信して……、これでは無駄なメールが増えるだけですよね。

メールは送信ボタンをクリックするだけで気軽に送れるコミュニケーションツール。それだけに気をつけないと独りよがりな内容になりがちです。つい文字を入力しながら考えをまとめることもあるでしょう。しかし、その文章は相手に正確に伝わる内容になっているでしょうか。

メールを読む相手にとってはそこに書かれている情報がすべてです。わかりにくい文章では余計なストレスを与えることになりますし、あなたの評価も落としかねません。

メールの通数が日々増えている現状の中で、届いたメールを時間に追われながら読む人も増えています。ビジネスのメールは、**はじめに概要や結論を述べるようにしましょう**。

> **改善前**
>
> お疲れ様です。
> プロジェクト委員会の名取です。
>
> 先日の会議で初めて知ったＣ案とＤ案には驚きました。
> まさかこんな案が出ようとは！
>
> Ａ案やＢ案がいいと思っていた私は心配でした。
> ですのでこの結果には満足しています。
> （以下省略）

　思わず「おいおい、だから結果は何案なの？」と突っ込みたくなるような文章ですよね。次のように結論を最初に持ってくると相手にストレスを与えません。

> **改善後**
>
> お疲れ様です。
> プロジェクト委員会の名取です。
>
> 先日の会議で色々な意見が出されましたが、
> 最終的にＡ案に決定しましたのでご報告します。
>
> 決定した一番大きな要因ですが、……
> （以下省略）

改善前

お世話になります。
株式会社東印通販の小池武士です。

先日お話しした通り、要望がいくつかございます。
まず参加費をどうするかということで話し合いを
持ちまして、参加者の人数で変わってくるのではという
ことになりました。そうした場合、仮に参加者が50人で
すと……
（以下省略）

改善後

お世話になっております。
株式会社東印通販の小池武士です。

今回のセミナーに関しての弊社からの要望は、
■参加費を5000円にする
■参加者は50人以上
■開催場所はできれば新宿か渋谷
の3点となりました。

さて、まずは参加費についてですが、……
（以下省略）

09 結びの言葉は最低限の礼儀です

終わりよければすべてよし

　メールは、書き出しと結びの言葉を入れることにより、文章全体が締まります。結びの言葉も状況に応じて変えるようにバリエーションを持ちましょう。

▶今後ともよろしくお願いいたします。
▶ご検討いただきますようお願いいたします。
▶ご確認の程、よろしくお願い申し上げます。
▶またお会いできるのを楽しみにしております。
▶ご連絡をお待ち申し上げております。
▶まずはお礼申し上げます。
▶取り急ぎご確認のお願いまで。
▶ご不明な点がございましたらご連絡ください。

　ちなみに、「取り急ぎお礼まで」と書くと、お礼を簡単に済ませているような印象を持たれてしまいますので、こういった場合は「まずはお礼申し上げます」としたほうがいいでしょう。

　雑な言葉遣いでメールを書くと大雑把な性格の人だと思われるで

しょうし、メールが丁寧なら几帳面な人という印象を持たれるでしょう。

　心理カウンセラーの鈴木雅幸さんも、「信用第一の仕事ですので、改めて礼儀をわきまえた丁寧なメールを送るようになりました。また、メールの基本ルールを学んだおかげで、最近増えた法人企業とのメールのやり取りにも、不安がなくなりました」と語ってくださっています。

　私に届くメールの中にはさまざまな結びの言葉があります。

「ではでは」
「幸せな一日を！」
「あなたの成功を祈っております」
「今日のご縁に感謝」
「これからの私共にご期待ください」
「それではまたお会いしましょう」

　こういったメールは、どちらかというと相手との距離が近い場合に使うべきでしょう。だれに、どんな内容でメールを送るかをよく考えてから結びの言葉を選ぶようにしましょう。
　ビジネスでは、礼儀をわきまえた対応をする人が好まれます。メールも相手に好印象を持ってもらえるよう、最後の挨拶はきっちり入れておきましょう。

10 署名は相手にとって大切な情報源

メール以外の連絡方法も伝えましょう

　本文の最後には必ず署名を付けます。名前とアドレスだけの署名をたまに見ますが、メール以外の連絡方法がわからないというのは不親切です。

　とくに最近は、メールの署名から情報を取得される方が増えてきていますので、署名には名刺と同じように、**社名、名前、役職、住所、電話、FAX、URL** などの情報をまんべんなく入れておきましょう。

```
========================================
株式会社スカイ広告　制作部　部長　小田智
〒000-0000　東京都新宿区○○町1-2-3
TEL：03-1234-xxxx　／　FAX：03-1234-xxxx
http://www.example.com/
info@example.com
========================================
```

　また、署名は度々目にするものなので、会社のキャッチコピーやセールの案内、簡単なプロフィールなどを入れるのもいいでしょう。

社内用やメール頻度の高いお客様用という風にバリエーションをいくつかつくっておき、その時々で使い分けるようにしましょう。

【頻度の高いお客様用】

◆◇もうすぐ創業100年企業！

有限会社ミズコシ　水越浩幸
住所：〒184-0004　東京都小金井市本町x-x-x
tel:042-381-xxxx　／　fax:042-387-xxxx

★アイ・コミュニケーション認定ビジネスメール・インストラクター
メディアコミュニケーション活用塾　http://hanjo-mail.biz/
ブログ　http://ameblo.jp/hanjo-mail/
Twitter：http://twitter.com/daihanjo
Facebook：http://www.facebook.com/medikatsu
Ustream：http://www.ustream.tv/channel/medikatsu
Youtube：http://www.youtube.com/user/medikatsu
Mail:infom@hanjo-mail.biz

【社内用】

営業部　川口英法　　kawaguchi@example.com

11 To、CC、BCCは使い方に要注意

それぞれの意味を知っておきましょう

メールには、複数同時に送れるという素晴しいメリットがあります。ToやCC、BCCどれを使っても相手に送ることができますが、それぞれ意味があり、受け取る側の認識が違ってきます。その点をよく理解して使い分けましょう。

【To】は一般的に一番使われており、「あなたに送ります」という場合に使います。Toで届いたメールには必ず返信します。

```
送 信 者 ： 水越浩幸
宛 先 To ： 青木（株式会社ネコノテ企画）
件   名  ： 8/22のイベントの打ち合わせについて
```

水越浩幸　→　To 青木（返信の必要○）

【CC】は"Carbon Copy（カーボンコピー）"の略で、「Toの人に送りましたが、一緒に確認しておいてくださいね」という意味で使います。

CCに入れたアドレスは、受け取ったすべての人のメールに表示

されるため、CCを使う時はすべての人がメールアドレス情報を共有している場合に限ります。一人でも知らない人がいる場合はその人をCCに含めてはいけません。情報漏洩になってしまいます。

また、CCを使う場合は、CCで送っているにもかかわらず気づかない人もいるため、だれに送っているのかを確認してもらうために、本文の宛先明記の際に「CCに含めた人の名前」を入れましょう。

```
送 信 者  ： 水越浩幸（有限会社ミズコシ）
宛 先 To ： 青木（株式会社ネコノテ企画）
     CC ： 高木部長（株式会社ネコノテ企画）
     CC ： 加藤（有限会社ミズコシ）
件   名  ： 8/22のイベントの打ち合わせについて
-----------------------------------------
株式会社ネコノテ企画
青木様
（CC：高木部長、弊社加藤）


お世話になっております。
有限会社ミズコシの水越浩幸です。
```

水越浩幸　→　To 青木（返信の必要○）
　　　　　　　CC 高木（返信の必要△）
　　　　　　　CC 加藤（返信の必要△）

2章・これだけは押さえたい基礎ルール

本文に挿入するCCの名前は、人数が多くなると見づらくなりますので、「●●参加の皆様」「▲▲委員各位」などにします。

株式会社多摩総合商社
西岡様
（CC：プロジェクト委員各位）

さくら祭り実行委員会
村山様
（CC：ボランティアスタッフの皆様）

　【BCC】は"Blind Carbon Copy（ブラインドカーボンコピー）"の略で、その名の通り、ここに入れたアドレスは表示されず見えません。アドレスを見せたくない、教えたくないという場合に使います。

　BCCを使って大勢の人にメールやメールマガジンを一括送信される方がいらっしゃいますが、万が一操作ミスでCCに入れてしまうとメールアドレスが漏洩して大問題になります。メールマガジンなどは、できるだけ専用の配信システムを使い、漏洩防止に努めましょう。

　CCとは違い、BCCの場合は本文に名前を表記することはあまりありませんが、あえてBCCで送っている人に知らせたいという場合は、「BCCにて送らせて頂いております」と一文入れておきましょう。

12 メールに添付する時の注意事項

添付ファイル漏れをなくすには

「しまったー！　添付忘れたー！」

相手からの問い合わせで、メールの添付ファイル漏れがあったことに気づくというミスは、だれでも一度は経験したことがあるのではないでしょうか。実際、アイ・コミュニケーションが毎年実施しているビジネスメール実態調査でも、「送信時に失敗したこと」の質問では、「添付忘れ」が2009年、2010年と2年連続で1位でした。

Googleのウェブメールであるg-mailなどの一部のメーラーには、本文中のキーワードを検知して、添付忘れ時にアラートが出てお知らせしてくれるものがありますが、ほとんどのメーラーにはそういった機能は付いていません。添付の際は自分で注意するしか方法がないのです。しかし、コミュニケーションを上手にとることで、添付漏れによる「トラブル」を最小限にすることは可能です。例えば次のメールを送るとどうでしょう。

先日のお打ち合わせで決定したことを受けまして、
改めて企画書を作成しました。
ご検討の程、よろしくお願い申し上げます。

送り主はこのメールにファイルを添付したつもりで「添付忘れ」をしました。このメールを見た相手は、「後から送ってくるんだな」と勘違いしてしまう恐れがあります。これではコミュニケーションがとれないばかりか、トラブルに発展する可能性もあります。

　そこで、添付をする場合は本文に次の一文を入れてください。

企画書を PDF にて 1 点添付しましたのでご確認ください。

　たったこの一行を本文に入れるだけで、添付漏れした場合でも相手から「添付忘れしていますよ」と連絡が入り、すぐに対応することが可能なのです。
　相手にアクションを起こしてもらうことで大きなトラブルを防ぐことができます。

　また、添付ファイルの容量ですが、ビジネスメールでは 2MB までとします。意外と小さいと思われるかもしれませんが、メールサーバーの容量が 3MB という企業もまだあり、そこに 3MB 近くのメールを送るとそれだけでサーバーが満杯になり、他からのメールがはじかれて受信できずに相手に迷惑をかけてしまうのです。

　これ以上大きなデータの場合は、大容量のファイル転送サービスを使います。無料で簡単に使えますが、企業によっては転送サービスの受け取りを拒否しているところもありますので、利用する前に相手に問い合わせて確認するのが安全です。

13 顔文字や（笑）はどう使う？

ビジネスでは基本的に使わない

　以前、初めてのお客様から印刷の仕事を頂いたのですが、その時、最初にもらったメールには顔文字がいっぱい……。

データすべてですと、かなり重くなってしまいそう
なので…(^^ ゞ
でも思い切って一気に送っちゃおうかな〜
いやいや冗談です（笑）
何卒、よろしくお願いいたします m(__)m

　相手の方は親しみやすく、気を遣わせないようにと考えたのでしょうが、まだ会ったこともない方からこういうメールをもらうと正直不快に感じました。

　相手がどう感じるかがわからない以上、**ビジネスのメールでは、顔文字等は使わないほうが無難**です。

　よく知っている間柄だったり、相手との距離感がある程度縮まったと感じたらワンポイントで使ってみるのは効果的でいいでしょう。

14 気をつけよう、不快につながる３大機能

相手が不快に思うことはしない

【本当に重要なの？】

　たまに重要度が「高」になっているメールを受け取ることがありませんか？　一部のメーラーでは、送るメールを重要だと感じた場合、重要度を「高」「中」「低」などに設定して送信することができます。

　しかし、受け取ったメールの重要度が「高」になっていることを「不快に感じる」という方もいらっしゃいます。送り主は重要だと思っていても、受け取った人は重要だと感じていない、という**意識のズレ**が「不快感」を生んでいるのです。

【いつ開いたかなんて知らせたくない！】

　また、同じく一部のメーラーでは、送った相手に対して「開封確認」を要求することができます。これは、メールを受け取った時に「開封確認」の要求に応じてクリックすると、相手に開封したことを知らせるメールが送られるという仕組みです。

　しかし、実はこれも**個人情報を知らせるようで不快に思う**という人が、少なからずいることがわかっています。

【文字の装飾はやめましょう】

　みなさんはメールの形式に、テキスト形式とHTML（リッチテキスト）形式があることをご存じでしょうか？

　HTML形式というのは、文字に色を付けたり大きくしたり、装飾することができる形式です。

　テキスト形式は、その名の通りテキストだけでできている形式を言います。

　HTML形式は、一見便利なように感じますが、悪意があればウイルスを仕込むことが容易なため、企業ではセキュリティの面からブロックしているところがあります。

　企業に限らず個人でもHTML形式を嫌って、受信メールを強制的にHTML形式からテキスト形式に変換させて受ける人もいます。社外とメールをやり取りする場合は、必ずテキスト形式でメールを送りましょう。

　一部のメーラーでは初期設定がHTML形式になっているものがありますので、テキスト形式に設定を変えておきましょう。

　例えばOutlook Express/Windowsメール / Windows Liveメールなどの場合、まずメニューバーから「ツール」→「オプション」をクリックします。次に、「送信」タブをクリック。すると下の方に「メール送信の形式」という表示がありますので、「テキスト形式」にチェックをつけて、「OK」をクリックして完了です。

　これら3つの設定を不快に思う人が数パーセントだからといって、初めてのお客様に使うのは控えましょう。ビジネスメールでは、相手が不快に思うかもしれないことは一切しない、というスタンスがとても重要です。

15 送信ボタンを クリックする前に

最後にもう一度確認するクセをつけましょう！

メールは送ればすぐに届くというメリットがある反面、送ったらもう取り消すことができないというデメリットがあります。

急ぐあまり読み返しもせずに送ってしまい、「アポイントの日時を間違えてしまった！」「大切なクライアントの名前を間違ってしまった！」などというミスは、誰にでも起こり得ます。

送ってしまってからミスが見つかっても後の祭りです。簡単に使えるツールだけに、より一層慎重な扱いが求められます。

ビジネスコーチングをされている永澤恵一さんは講座を受講後、「メールを送る時は慎重に読み返すようになり、また相手の読みやすさを意識するようになりましたね。そのおかげか、僕のビジネスへの情熱、思いが伝わったという声が届き始めました。これには正直驚きました」と喜んで話してくださいました。

「送信」ボタンを押す時は、**大切な人に「真心」を届けるという気持ちを常に忘れないようにしてください。**

送信ボタンを押す前の最終チェック方法はいくつかありますが、いろいろ試してみて一番自分に合った方法を探してみましょう。

【送信前のチェック方法】

- チェックシートをつくっておき、一つひとつ確認
- ゆっくり声に出しながら確認
- 自分宛に送り、受信したメールを客観的に確認
- プリントアウトして紙で確認

とくに初めての方に送るメールや重要な内容のメールなどは、最後にもう一度確認するようにしましょう。

【送信前のチェックシート】

- ☐ 送信者名
- ☐ To、CC、BCC の正しい指定
- ☐ わかりやすい件名
- ☐ 本文の宛名
- ☐ 名乗り
- ☐ 本文に CC、BCC の表記
- ☐ 添付ファイルの有無
- ☐ 本文に添付ファイルの説明表記
- ☐ わかりやすい本文
- ☐ 必要事項が入った署名

Column

いったい、あなたはだれですか？

　毎日数百通のさまざまなメールを受信していますが、先日、送り主がわからない返信メールが届きました。

　「いやまったくその通りです。私もそう思っていた所です！　その感じでぜひお願いいたしますね！」

　名前も署名も引用文もないので、どこのだれだかわかりません。アドレスも私が登録していないものです。

　しかし私のメールに返信してきているので、私のことは知っているということです。これでは返事のしようがないので困ってしまいました。

　しかし、よくよく調べてみると、送り主はつい先日交流会で名刺交換した方でした。私が名刺交換のお礼で送ったメールを、自分の別のアドレスに転送して、そこから返信してきたものでした。つまり転送先のアドレスが差出人になっていたのでわからなかったわけです。

　でも、いつもと違うアドレスで送信した時も、書き出しで、

　「有限会社ミズコシの水越浩幸です」

　と、どこのだれかを名乗るだけで送り主がわかり、相手に迷惑をかけることはありませんよね。

　たとえ名乗りを忘れていたとしても、署名が付いていればだれが出したのか、また連絡先を知ることができます。

　自分はわかっているつもりでも相手はわからない。これはメールに限らずネットでのコミュニケーションで起こりがちなことです。ビジネスのメールでは、必ず名乗りと署名を！

3章

ちょっとした工夫でワンランクアップ

01 内容と同じくらい見やすさが大切な理由

メールは視認性が重要

　ビジネスにおいてのメールの役割は、相手に正しく情報を伝えて、仕事をスムーズに進めることにあります。相手に情報が正しく伝われば、とりあえずビジネスメール本来の目的を果たしていると言えるでしょう。

　しかし、相手に自分の思いを伝えたいからと、文字をぎっしり詰め込めばいいというものではありません。また、情報を詳細に伝えたいからとわかりづらいメールを送ってしまい、何度もやり取りして確認し合うのも非効率と言えるでしょう。

　「自分がわかっていることを、一度のメールで相手に理解してもらう」。ビジネスにおいてのメールはここが大変重要です。

　では、相手に情報を確実に伝えることのできるメールというのは、どのようなメールでしょう。次のメールを見てください。

> **改善前**
>
> 今度の水曜日の 5 月 12 日に、お申し込みいただいていたビジネスメールコミュニケーション講座が開催されます。
> 場所は原宿の○○で、駅から徒歩 5 分です。19:00 から始まります。遅れないようにご注意ください。受付は 18:40 からです。
> 会場の住所ですが、渋谷区神宮前 0-00-00 で、竹下通りを抜けて右折してすぐです。持ち物は筆記用具のみです。緊急の場合は私の携帯（090-000-0000）までお電話ください。

　いかがですか？　講座の案内というのはわかりますが、重要なことがなんなのかわかりづらいですよね。このようなメールでは情報が抜け落ちてしまう恐れがあり、相手に迷惑をかけることにもなりかねません。

　私は長く印刷業に携わっていますが、私の送ったメールを見て同じ業界の先輩から「なんでそんなところで改行するんだ」「なんでそこで一行空けるのかな」と指摘されたことがありました。出版物のきれいに組まれた文章に比べたらそう思うのも仕方がないのかもしれません。しかし、メールはさまざまな環境で見るため、固定された大きさの中に印刷されたものとは見え方が違うという認識が必要です。

　では、次のメールはいかがでしょう。

> **改善後**

お申し込みいただいております、
ビジネスメールコミュニケーション講座のご案内です。

■日時：5月12日（水）19:00〜21:30
　※18:40より受付

■会場：貸し会議室「○○」
　渋谷区神宮前0-00-00
　※原宿駅竹下口下車徒歩5分（竹下通りを抜けて右折すぐ）

■持ち物：筆記用具

当日何かございましたら、
わたくしの携帯までお電話ください。
●携帯電話：090-000-0000

　内容はほとんど同じなのですが、このメールのほうが見やすく感じませんか？
　どんなに正しく、素晴らしい内容のメールだったとしても、相手に理解されなければ意味がありません。何よりまず、見やすいメールをつくることが必要です。
　では次に、見やすいメールというのはどういうメールなのかについて解説していきます。

02 一文は短く20〜30文字、3〜5行で空行を

メールは見た目をわかりやすく

　文章を書いているうちに、つい長くなってしまうということはありませんか？　メールは文字数が多く長く続いていると、読みづらいと判断され後回しにされる可能性があります。

　そこで、一文の長さは文節や句読点で改行して、20〜30文字にします。また、一部のメーラーでは自動改行が設定されており、メールの作成時に決まった文字数で自動で改行されます。これは一見便利そうですが、句読点で改行されないため読みにくいメールになりやすいのです。この点からも手動での改行をおすすめします。

　例えば、35文字で自動改行されるメールは下記のような見た目になります。

改善前

先ほどはお時間をとっていただきありがとうございました。その時打ち合わせしたイベントプロジェクトの件ですが、予定通り来週12日（水）に再度お会いして詳細を詰めたいと思いますがいかがでしょうか。あれからこちらでも話し合ったのですが、10月を過ぎてしまうと他のイベントと重なる可能性が高く、9月中に開催すべきとの意見にまとまりそうです。とにかくもう一度話し合いの場を持ちましょう。よろしければ12日でご都合のつく時間をお知らせいただけますでしょうか。よろしくお願いいたします。

こうならないために、メールの文章は**手動で改行**するようにしましょう。
　そして、3〜5行書いたら空白の一行を入れます。
　メールの場合、行間が狭く設定されていることもあり、何行も続くと、どこまで読んでいたのかがわかりづらくなるのです。空行を入れることにより、視認性がよくなり、内容も頭に入りやすくなります。

改善後

先ほど打ち合わせしたプロジェクトの件ですが、
予定通り来週 12 日（水）に再度お会いして
詳細を詰めたいと思います。

ご都合のつく時間をお知らせくださいませ。
よろしくお願いいたします。

　どうしても一行が長めになりそうな場合は、意識的に読点を多く入れるようにしましょう。
　ビジネスのメールでは、相手の時間を無駄にさせないためにも、できるだけ長文は避け、要点のみを伝えるなどの工夫も必要ですね。

03 記号や罫線を有効的に使おう

ビジネスに合ったものを使うこと

メールは文字を主体としたツールです。気をつけないと大切な情報が埋もれてしまうことがあります。記号、数字、アルファベットを組み合わせたり、罫線を使うなど工夫して、相手に重要な情報であることを気づいてもらいましょう。ただし、機種依存文字を使わないよう気をつけてください（71ページ参照）。

【使うと便利な記号】

☆★□■◆○◎●△▼　(1)(2)　ＡＢＣ

【記号を活用した例】

先日の会議を受けて、新規案を出してみました。
(1) メルマガの配信
(2) Facebook ページの作成
　　◆WEB サイトへの誘導
　　◆顧客とのコミュニケーション
(3) 有料セミナーの開催

また、罫線で囲んだり区切りを付けることで、相手に何を伝えたいのかを明確にすることができます。
　ただし、記号や罫線も必要以上に使うと稚拙な印象を与えるので注意しましょう。

【区切りに使うと便利な記号】

◆◇◆◇◆◇◆◇◆◇◆◇◆◇◆◇◆◇◆◇◆◇

───────────────────

- -

・・

＊＊＊

ΓΓΓΓΓΓΓΓΓΓΓΓΓΓΓΓΓΓΓΓ

04 迷惑な文字化けメール、機種依存文字は使わない

Windowsから送るメールは気をつけて！

　Windowsのみでメールを利用している方は意外とご存じないのですが、Windowsで「機種依存文字」を使って送ったメールをMacintoshなどの違った環境で受けると、下記の例のように文字化けをしてしまいます。

　機種依存文字とは、①のように○の中に数字が入っているものや、省略文字である㈱や記号の㎡などです。例えばこのような機種依存文字を使ったメールをMacintoshで受け取ると、①は㈰に、また㈱や㎡は「？」に文字化けしてしまいます。

【文字化けの例】

Windows	送信	Macintosh
①	→	㈰
②	→	㈪
Ⅰ	→	㈵
Ⅱ	→	㈶
㎡	→	？
㈱	→	？
㈲	→	？
℡	→	？

文字化け！

Windowsで機種依存文字を使った場合、このように文字化けしたメールになります。

改善前

㈰御社に直接納品
㈪弊社までお引き取り
上記の件を、？成城平和堂の草野社長にご連絡を
お願いいたします。
e-mail：info@example.com

　これでは会社が株式会社か有限会社なのかわからず困ってしまいますよね。初めての方にメールを送った場合など、相手が違う環境だと正しい情報が伝わらないばかりでなく、信頼を損なう恐れもあります。
　㈱は「株式会社」、または全角で「(株)」など、機種依存文字を使わないようにしましょう。

改善後

（1）御社に直接納品
（2）弊社までお引き取り
上記の件を、株式会社成城平和堂の草野社長にご連絡を
お願いいたします。
e-mail：info@example.com

05 24時間以内の返信を心がける

返信が早いだけで差別化が図れる！

　メールの返信が来なくてイライラしたことはありませんか？　返信がないと「本当に読んでくれているのだろうか？」「締め切りに間に合うのかな？」と不安になるものです。アイ・コミュニケーションが実施した「ビジネスメール実態調査2010」の結果を見ても、24時間以内の返信を望んでいる方が9割近くいることがわかります。

【Q：メールの返信はいつまでにほしいですか】

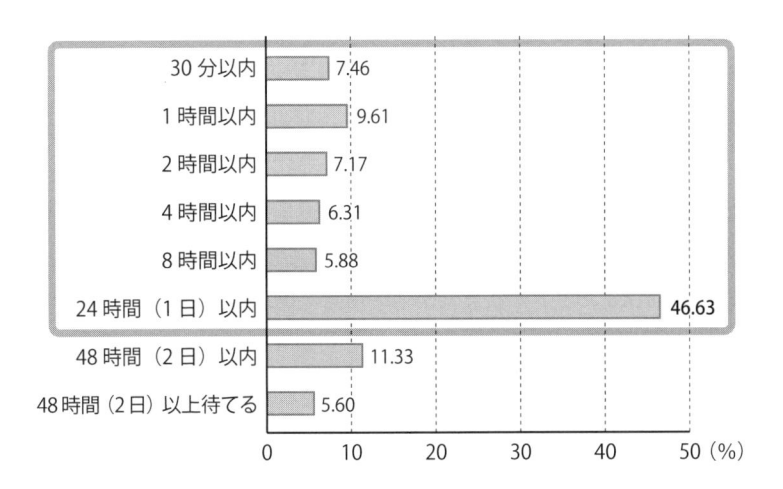

選択肢	割合(%)
30分以内	7.46
1時間以内	9.61
2時間以内	7.17
4時間以内	6.31
8時間以内	5.88
24時間（1日）以内	46.63
48時間（2日）以内	11.33
48時間（2日）以上待てる	5.60

メールは、返信が来ない限り、相手に届いたという確認ができません。「後で返信をしよう」と後回しにしたばかりに、送るのを忘れてしまい放置状態に……。ということがないよう、**安心感を与えるためにも、とりあえず受領の返信を 24 時間以内に送る**よう心がけましょう。

　呉服店京やの猪上勝也さんは、私の講座に参加してから、用件を整理して見やすさを意識するようにして、返信を早くするようにしたところ、相手からも返信が早く確実に来るようになったとのことです。

　また、受領の連絡とともに、いつまでに回答できるかを知らせることも大切です。

> メール確かに受け取りました。
> ご依頼のお見積もりの件ですが、社内で検討の後、
> 14 日（金）の 15:00 までに返答させて頂きます。

　とはいっても「忙しくてすぐに答えられない……」ということもあるでしょう。そのような場合は、回答できるものだけをまず答えるようにして、すぐに答えられないものに対しては、後日回答ができる期日を明示して返信するといいでしょう。

> メールありがとうございました。
> 納期に関しては11月11日（金）で大丈夫です。
> ただ、見積もりに関しましては、
> オプションが必要な関係で
> 10月21日（金）の15:00までに
> 再提出させて頂きたく存じます。
> よろしくお願いいたします。

　返信が早いというだけで信頼され、仕事の依頼が来ることもあるのです。私もいつもメールをチェックしたらすぐに返信しています。以前、お客様のメールが迷惑メールに振り分けられてしまい、見落として返信するのを忘れてしまったことがあります。すると「メール届いていますか？　いつもすぐに返事をくれるのにまだ来てないので……」と電話を頂いたことがありました。

　このように、いつもすぐの返信を心がけていると、相手からアクションを起こしてもらうことができて大きなトラブルにならずに済むのです。

　また私の知人は、「24時間以内の返信を心がける」だけで、他社との差別化が図れ、新たな契約をたくさん結ぶことができたと言います。返信を早くすることは、ビジネスチャンスをグッと引き寄せることになるのです。

06 曖昧な表現は使わない

相手が自分と同じ解釈をする表現を

　メールは文字情報だけです。そこからすべてを理解し判断することが求められます。ですから、**曖昧な表現を使うと、お互いの認識にずれが生じてトラブルに発展することがあります**。自分と相手の認識が一致しているかをよく考えて、独りよがりなメールにならないよう注意しましょう。

　例えば次のような文章、あなたも過去に一度くらいは書いたことがあるのではないでしょうか。

改善前

それでは、明日の朝一にお伺いいたします。

　あなたは「朝一」が9時だと思い込み、朝9時に行くと実は相手の会社は8時30分始業で来社をずっと待っていた、ということも起こり得るのです。

この場合は、以下のようにメールします。

改善後

それでは、明日の8時30分にお伺いいたします。

このメールを送ることにより、例えば「打ち合わせが入っているから9時に来てくれる？」というように、相手にアクションを起こしてもらうことができるため、不要なトラブルを防ぐことができます。

また、「今週中」もよく使われる表現です。

改善前

今週中に納品いたします。

あなたは「今週中」を土曜日の正午までという認識でメールを送信しても、相手は金曜日の夕方までと思っているかもしれません。そんな時、「私は土曜日までに納めればいいものと思っておりましたので……」などと言い訳を言えるでしょうか？　この場合も、具体的な日時を明示します。

改善後

16日（金）の17:00までに納品いたします。

同様に以下のような曖昧な表現も気をつけましょう。

多めに持ってきてもらえますでしょうか？ … ×
↓
30枚持ってきてもらえますでしょうか？ … ◎

参加は難しいかもしれません … ×
↓
残念ながら参加できません … ◎

メールを送る際は、曖昧な表現は避け、自分と相手が同じ解釈になる表現を心がけましょう。

また、メールを送る相手が同じ業界で、専門用語が使える場合には、抽象的な表現ではなく、確実に伝わる表現にしましょう。

グレーをもう少し明るくしてください … ×
↓
スミのアミ20％でお願いします … ◎

07 返信は部分引用が効率的

メールのやり取りは最低でも一往復半

　新たにメールをつくる時は「新規メール」ですが、受信したメールに返事を出す場合は「返信メール」となります。「返信」ボタンをクリックすることで、相手からのメールに引用符「>」が付いて残ります。

2011年2月13日 17:10 林文浩 <×××@example.com>:
> 株式会社カワグチグラフィック
> 川島様
>
> 大変お世話になっております。
> 株式会社アイぱどの林です。
>
> デザイン拝見しました。ありがとうございます。
> 今回のデザインで進めてください。
>
> 心配なのは納期なのです。
> 今週中に納品可能でしょうか？

返信メールの場合、相手のすべての内容を引用する全文引用が主流ですが、必要な部分を引用してその下に回答を書く「**部分引用**」がわかりやすく効率的なのでおすすめします。
　不必要な部分は削除して、答えたい部分の下に自分のコメントを挿入します。

【部分引用での返信】

早速のご回答ありがとうございます。

＞ 今回のデザインで進めてください。
承知いたしました。
こちらの案で進めさせて頂きます。

＞ 心配なのは納期なのです。
＞ 今週中に納品可能でしょうか？
遅くとも23日（水）の午前中に届くよう
発送の手配をいたします。

よろしくお願いいたします。
（署名省略）

このように、部分引用は、改めて相手の言葉を書く必要がなく、いくつか質問があった場合の漏れがなくなるというメリットもあります。

　ところで、送られてきたメールに返事を送った場合は、そのメールが届いているか気になりますよね。そういう意味でもメールのやり取りは、最低限、返信に対する返信の一往復半のやり取りをするようにしましょう。

08 転送は本文に意図がわかる文章を入れる

なぜ転送したかを説明する

　メールの転送は、他の人に簡単に情報を伝達することができてとても便利な機能です。ビジネスの現場でも、よく利用するでしょう。しかし、受け取った人が転送の意図がわからず、「このメールの内容は理解できたけど、で、どうすればいいの？」と戸惑ってしまうことがよくあります。

　送られてきた転送メールを読んでそのままにしておくと、「いつになったら返事してもらえるんですか！」というお叱りのメールが送られてきた……。そこで初めて返事をするべきものだったと気がつき、お詫びのメールを送る……。ビジネスの現場でこのようなことがあっては時間の無駄ですし、お互い気持ちよくありませんよね。

　ビジネスのメールでは、転送する際は、「参照・参考」なのか、または「回答依頼」なのかを、本文、または件名に具体的に記載するようにします。

【回答依頼】

桑田さん

お疲れ様です。
松澤です。
名原さんから送られてきたメールを転送します。

先日の会議を受けての新たなプロジェクト案です。
次回の会議で提案をするかどうか決めたいので、
内容をご確認いただき、桑田さんのご意見をお聞かせください。

25日（水）までにご連絡頂けますと助かります。
よろしくお願いいたします。

------- 転送メッセージ ---------
From: 名原 <nabara@example.com>
日付：2011年10月20日
件名：【Project 23】新たなプロジェクト案です
To: △△△＠△△△.com

松澤様
お疲れ様です。
名原です。
（以下省略）

【参考として】

藤村さん

お世話になります。
大久保です。

小川さんより、今度の社員旅行の候補地３カ所について
それぞれの情報がメールで届きました。

ご参考まで転送いたします。
よろしくお願いいたします。

------- 転送メッセージ ---------
From: 小川 <ogawa@example.com>
日付:2011年08月13日
件名:旅行の情報です
To:info@example.net

大久保様

お疲れ様です。
小川です。
（以下省略）

その他の注意事項として、

❶プライベートの情報が含まれている場合は削除する。
❷誤字脱字が見つかった場合は直接修正せず、本文に「曜日が（火）になっていますが（木）の間違いだと思います」「名前が上多になっていますが、正しくは上田です」など、まとめて書くようにする。

などがあります。

　簡単に転送できるからといって、個人的な話や相談事までも転送してしまうと、相手に不快感を与えたり、トラブルになることもあります。携帯電話の番号など、個人情報が入っている時は、削除して送るように注意しましょう。
　不安要素があったら、削除するか、直接本人に転送の許可をもらうのが安心です。

09 メールチェックの時間帯を決めておく

メールチェックの手動設定は効率化の第一歩

　この章で、メールの返信の早さについて触れましたが、あまりに気になってしょっちゅうメールチェックばかりしていては、本業がおろそかになってしまいます。

　私も以前はとにかく早く返事をしようと、メールの取得時間を「1分」に自動設定していました。しかし、メールが届く度に仕事の手を休めて確認、返信していたので案の定仕事がはかどらず、仕方なく残業を繰り返すという毎日でした。

　しかし、メールを手動受信に切り替えてからは、送受信に振り回されることなく、自分の都合に合わせてメールをチェック、送信できるのでとても効率的に仕事ができるようになりました。

　メールの受信は自動ではなく手動に設定して、自分で時間を決めてチェックするのも効果的です。

　例えば、出社時、午前10時、午後一番、午後3時、夕方5時、退社時、と1日6回だけのメールチェックで意外と仕事に支障はないかもしれません。

　もちろん決めた時間以外にも、仕事がひと区切りした時や、手の空いた時にチェックするのはいいでしょう。メールの通数が多くなるほど、効率化のために自分のペースでメールの送受信作業をすることが大切です。

10 驚くほどスピードアップ！文章の単語登録

今すぐ30分かけて単語登録！

　前項でメールチェックの時間帯を決めると効率化につながると書きましたが、その他にはよく使う文章を記憶させる「単語登録」が効率化にとても有効です。

　単語登録というと、覚えにくい人名や単語を登録している人がほとんどではないでしょうか。しかし、毎回メールに入力している「お世話になります。」「有限会社ミズコシの水越浩幸です。」「今後ともよろしくお願いいたします。」などを、それぞれ「おせ」「ゆう」「よろ」で一度登録してしまえば、次からは驚くほど早く文章をつくることができます。

　この登録はメールソフトではなく、普段お使いのパソコンに入っている Microsoft IME や ATOK などの日本語入力ソフトウェアで登録します。
　登録後も編集や削除ができますので、自分が使いやすいように変更していくとよいでしょう。

【単語登録の例】

入力文字	登録する文字
おせ	お世話になります。
ゆう	有限会社ミズコシの水越浩幸です。
よろ	よろしくお願いいたします。
こんご	今後ともよろしくお願いいたします。
ごかく	ご確認のほど、よろしくお願いいたします。
けいたい	私の携帯電話の番号は090-0000-0000です。

　自分がよく使うものをどんどん登録していきましょう。

　この単語登録を使っていくうちに、例えば「今後についてご相談を」と打ちたいところ、「こんご」ですでに登録しているため、「今後ともよろしくお願いいたします。についてご相談を」と変換されてしまうケースが出てきます。
　そこでこれを防ぐために、単語登録する時に、アイ・コミュニケーションの平野友朗さんがおすすめの「@を付けて登録」を利用しましょう。

入力文字	登録する文字
@ゆう	有限会社ミズコシの水越浩幸です。
@けいたい	私の携帯電話の番号は090-0000-0000です。

通常@で変換する単語はないので、これで一発変換が可能です。

この単語登録はメール以外にも使えますし、登録したファイルをエクスポートして、社員など他のパソコンにインストールすれば、たくさんの人と共有することもできます。

一度利用すると本当に便利な機能ですが、わかっていてもすぐに利用しない方がいらっしゃいます。その多くの方は「忙しくてなかなか暇がない」という理由ですが、例えば、いつもより30分早めに出社して作業をする、お昼休みを利用して毎日10分ずつでもいいので登録をしてみる、というのはいかがでしょう。

このわずかな作業の積み重ねが、後で何時間もの労働時間の短縮という形で返ってくるのです。今の忙しさが少しでも軽減できると思えば苦になりませんよね。

11 ブラッシュアップ＆効率化、丸ごとテンプレート

よく使う文章はひな形にして保存

メールの返信を作成している時に、「あ、この文章、前に同じものをつくったな」と思うことはありませんか？

実は毎日の業務の中で、同じ文章を入力していることは意外と多いものです。そんな時はひな形（テンプレート）をつくっておくと効率的にメールを作成できます。

ちょっと思い返すだけでも毎回繰り返し打っている文章がいくつか見つかると思います。このテンプレートをつくり、利用するだけで、一年間で数時間、いえ、数日分の節約も夢ではありません。

利用の仕方はいたって簡単です。よく使う文章をメモ帳やワードなどで作成、保存しておき、必要な時に開いてコピー、メールに貼り付けるだけです。

その時々で変わる部分には「●」の記号を挿入しておきます。修正する部分を「○」にしますと、視認性が悪く、つい修正を見逃してしまう場合がありますので、必ず「●」印にしておきましょう。

```
件名：●●送付のご案内

●●様

お世話になります。
有限会社ミズコシの水越浩幸です。

本日、●●を発送いたしました。
●●日（●）には届く予定です。

到着後ご確認いただきまして、
ご不明な点がございましたらご連絡ください。

今後ともよろしくお願いいたします。

（署名省略）
```

　テンプレートのよいところは簡単にメールを作成できるということだけでなく、質問の漏れを防ぎ、1回で必要な情報を入れることができる点にもあります。これまでの無駄なメールのやり取りを減らすことも可能です。

　また、気がついたところをその都度修正していくことにより、文章をどんどんブラッシュアップすることができます。

また、メーラーの署名を設定するところに、署名と一緒に定型の文章を付けて保存しておくのも大変便利です。

●●様

お世話になります。
有限会社ミズコシの水越浩幸です。

　　　　　　　　　ここに新規の本文を書く

今後ともよろしくお願いいたします。
───────────────────────────

◆◇もうすぐ創業100年企業◆◇

有限会社ミズコシ　水越浩幸

住所：〒184-0004　東京都小金井市本町 x-x-x

tel: 042-381-xxxx fax: 042-387-xxxx

http://hanjo-mail.biz/

Mail: infom@hanjo-mail.biz
───────────────────────────

　もちろん、書き出しや結びの言葉は状況に応じて適宜変えていきましょう。

12 フォルダ管理と振り分けで、大切なメールを見逃さない

タスクリストとしても管理ができる

メールの通数が多くなってくると、チェックするだけではなく、返信したり、また何かしらのアクションを起こす頻度が高くなります。

「これは後で返事をすればいいや」と後回しにしておくと、思わぬ用事が入ってきて、つい返事を忘れてしまうとも限りません。しかし、それが重要なお客様からのメールだったら……。そうなってからでは遅いのです。

また、本書を読んだあなたのメールは、送信者名、件名もルールに沿って作成するので、相手にすぐに見てもらうことが可能です。しかし相手からのメールはそうとは限りません。件名が「ご報告」や「お願い」だけの重要性がわからないメールになっているかもしれないのです。

そのような迷惑メールまがいだったとしても、「知りません」「見つかりませんでした」では済まない場合も出てきます。そのためにも、ぜひこの項目を参考にしていただき、すぐにフォルダ管理を始めてください。ひと目で状況が把握できて非常に便利です。

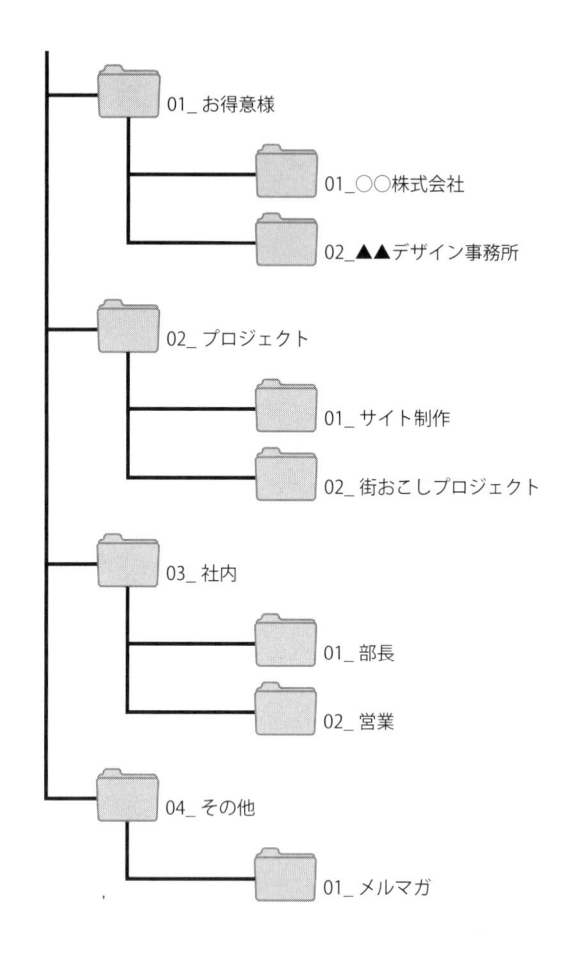

```
├─ 📁 01_お得意様
│   ├─ 📁 01_○○株式会社
│   └─ 📁 02_▲▲デザイン事務所
├─ 📁 02_プロジェクト
│   ├─ 📁 01_サイト制作
│   └─ 📁 02_街おこしプロジェクト
├─ 📁 03_社内
│   ├─ 📁 01_部長
│   └─ 📁 02_営業
└─ 📁 04_その他
    └─ 📁 01_メルマガ
```

　まず受信トレイに大きな階層のフォルダとして「お得意様」「プロジェクト」「社内」「その他」など、カテゴリー別につくります。そして、それぞれの下の階層に「○○株式会社」「▲▲デザイン事務所」「街おこしプロジェクト」「メルマガ」など、自分でわかりやすいようにフォルダを作成していきます。

フォルダの頭に「00」「01」「02」と番号を付けると、フォルダを自分の思った通りの順番で並べられます。自分に合ったフォルダ分けを考えてみましょう。

　次にそのフォルダに受信メールが自動で振り分けられるように設定します。その振り分け方をいくつかご紹介します。

①メールアドレス（差出人）で振り分ける
　一番オーソドックスな振り分けです。○○さんのアドレスのメールはこのフォルダに、というように分ければ、だれのメールが来ているのかがひと目でわかります。
　ただし、法人など同じドメインで何人ものメールのやり取りがある場合は、@ドメイン名で振り分けしておくと会社ごとに分けられます。

sawada@exmple.com
takahashi@exmple.com
＞ @exmple.com で振り分け

②件名で振り分ける
　メールマガジンやメーリングリストなどは、件名に毎回付いてくる同じキーワードを利用して振り分けます。

【メディカツ GoodNews】
[kensyu-ml:00872]

プロジェクトごとに仕事をする場合、件名の頭にそのプロジェクトごとに決めたキーワードを入れておくといいでしょう。

【10月リニューアル案件】
【7/25 エコセミナー会議】

　そうしてメールをひとつずつ確認していき、返信などのアクションを起こしていきますが、その場でどうしても処理できない場合は、そのメールを「未読」に戻しておきます。
　こうすることにより、処理が済んでいないものはフォルダに未読として数字が出続けるので、受信トレイをタスクリスト（やること一覧）として管理することができるのです。その日の終わりにフォルダの未読の数字に気がつけば、処理を忘れることがなくなります。

4章

言いにくいメールは こうつくる

01 言いにくいメールを送る心構え

素早い行動が鉄則

　出欠の変更や、お誘いの断り、スケジュールの遅れの報告、苦情の対応など、言いにくいことをメールで伝えなければならない時、どういった心構えが必要なのでしょうか？

　まずは素早い対応です。つい嫌なことを後回しにしていませんか。対応を延ばし延ばしにしていると、相手だけではなく多くの人に迷惑をかけることになります。返信なら24時間以内に送るなど、素早い対応を心がけましょう。

　そしてメールで伝えなくてはならない場合は、はっきりとした意思表示が必要です。
　「そのうちに〜」「できるだけ〜」「多分〜」「かもしれません」など、曖昧な言葉を使い続けていては、信用問題にかかわります。正直に、そして誠意を持ってはっきりと自分の意志を伝えることが大切です。

02 謝罪はメールではなくまず電話で

ちょっと待って！ メール送信前にすべきこと

　仕事をしていく上で、大小にかかわらずミスというものは付いて回るものです。アポの時間を間違えた、指示通りに進められなかった、納期を間違えた……。でも、失敗したことは済んでしまったことなので仕方ありません。大切なのは失敗した後の謝罪の方法です。できるだけ速やかに行動しなければなりませんよね。

　例えばこちらのミスで、約束していた日に納品ができなかった場合、次のようなメールを出すだけで果たして大丈夫だと思われますでしょうか？

改善前

お世話になっております。
有限会社ミズコシの水越です。

この度は納期に間に合わすことができず
申し訳ありませんでした。

今後ともよろしくお願いいたします。

4章・言いにくいメールはこうつくる

ここで覚えて頂きたいのは、**謝罪の基本はまず電話をかける**ということです。もちろん状況と相手との関係性を考えることが大切なのは言うまでもありません。

　たいして重要ではないファイルの添付忘れなどはわざわざ電話をかけることもないでしょう。かと思えばどんな時でも電話よりメールにしてほしい人、逆に、会わなければ許してもらえないという人もいるかもしれません。いろいろな状況がありますが、「まずは電話での謝罪、そしてメール」を基本としましょう。

　しかし、相手が不在であった場合などはすぐにメールを出します。その時は必ず「**先程お電話いたしましたが、ご不在でしたのでメールにて失礼いたします**」の一文を入れます。これを忘れると、相手に電話をかけたことが伝わっていない場合、あなたがいきなりメールを送ってきたと勘違いされる恐れがあります。大切なのは、あなたの謝罪の気持ちを相手に素早く確実に伝えることです。

改善後

お世話になっております。
有限会社ミズコシの水越です。

先程お電話させて頂きましたが、
ご不在でしたのでメールにて失礼いたします。

この度は大変申し訳ございませんでした。
(以下省略)

03 謝罪のメールで忘れてはいけないこと

最初と最後にお詫びの言葉

　ちょっと想像してみてください。あなたが仕事上でミスをしてしまい、お客様と対面して謝罪しようとする時、はじめにどんな言葉が出てくるでしょう？　また、帰り際にはどんな言葉が出てくるでしょうか？

　ほとんどの方が「この度は申し訳ございませんでした」という言葉が自然に出てくるのではないでしょうか。メールでも同じことです。丁寧にこちらの謝罪の気持ちを伝えるようにしましょう。

改善前

お世話になっております。
株式会社ミズタリ物流の松本です。

この度は納期に間に合わすことができず
申し訳ありませんでした。

今後ともよろしくお願いいたします。

　何度も書いてきましたが、メールは文字情報だけです。ひと言謝

罪の言葉を入れたとしてもなかなかこちらの気持ちを伝えることができません。最低限、最初と最後にお詫びの言葉を入れて謝罪の気持ちを伝えましょう。それと同時に、

- なぜそうなったのか
- これからどうするか

などが書いてあると丁寧なメールになります。

　逆にしてはいけないのが、言い訳のオンパレードや、「●●がやったことですので……」などと責任転嫁するような文章です。

改善前

この度は受注枚数を間違ってしまい
申し訳ありませんでした。

すべて部下の水越がしたことですので、
何卒お許しください。

　謝罪の言葉を読んだだけでは、「なんでこうなったの？」「で、どうするつもり？」という不満の思いが出てくるものです。どうして今回の件が発生したのか、よって今後どのように対処していくのか、などが書いてあれば、相手に安心材料を与えて信頼回復がしやすくなるでしょう。

改善後

ヘアケアデザイン事務所
田中様

いつも大変お世話になっております。
有限会社ミズコシの水越です。

この度は大変申し訳ございませんでした。

受注枚数に間違いがあり、
御社ならびに関係者の皆様に
ご迷惑をおかけしてしまいした。

社内での連絡ミスが原因でした。

担当者に確認を取りましたところ、
不足分は週明けの3日(月)には納品できる予定です。

今後はこのようなことがないよう
十分注意してまいります。

今後とも変わらぬお付き合いの程
よろしくお願い申し上げます。

04 断りのメールには必ずお礼の言葉を

関係を続けたいかどうかによって断り方を変える

　仕事を進めていく中で、提案や見積もりを社外の数社にお願いすることもあるでしょう。その場合、通常はその中から選ばれなかった会社には断りを入れなければなりません。

　ところが提案や見積もりを出した後で、何の返事もしない会社が多く見受けられます。これはマナーとしてはよくありません。

　こちらからお願いをした場合は、どのような結果になろうとも**後から必ずメールを出しましょう。**

　ただし、断りの事実だけを述べて終わりでは味気ないメールになってしまいます。よい知らせではないだけに、余計印象を悪くしてしまう可能性もあります。

改善前

今回お送りいただいたご提案の件ですが、
残念ながら他の会社に決定してしまいました。

次回またよろしくお願いいたします。

断りのメールで大切なことは、**まずお礼を伝える**ということ。些細なことかもしれませんが、とても重要なことです。さらに、今回は断ったけれども今後も関係を続けたい時などには、新たな提案や相談をしてみるのもいいでしょう。

改善後

この度は弊社の街づくりプランに
ご提案を頂き、誠にありがとうございました。

最後まで候補として残っていたのですが、
社内で検討しました結果、残念ながら今回は
他社様の提案で進めることとなりました。

実は5月に別のプランがあるのですが、
そちらで改めてご相談させて頂きたく存じます。
今後ともよろしくお願いいたします。

　また、今後その会社とは付き合いをしないほうがいいと判断した場合は、誤解を避けるためにも短めの文章にします。

　断りのメールというのは、言葉遣いや内容によっては相手に間違った情報を与えかねませんので、正しい情報、そして心遣いが伝わる文章を書くよう心がけましょう。

4章 ● 言いにくいメールはこうつくる

05 催促のメールを送る前に確認しよう

相手からアクションをもらうメールを送る

お客様から見積もり依頼があるということは、大変ありがたいことです。しかし、急いで見積もりを作成してメールで送ったのに、何日経ってもまったく返信が来ないという場合もあります。初めての問い合わせで、メール以外の連絡手段がわからない場合はメールで問い合わせるしかありません。

そこで以下のような催促メールを出したらどうでしょうか?

改善前

お世話になります。

先日お見積もりをお送りしましたが、
まだお返事をいただけておりません。

いつ頃になりますか?
できるだけ早くお願いします!

気持ちはわかります……。しかし、催促のメールを送る場合、まず確認しなければならないことは、

「本当に自分はメールを送ったのか」

ということです。メールを書いている途中で、電話や雑用でパソコンを離れ、メールを送ることをすっかり忘れてしまったのに、自分では送ったつもりになっているということも考えられます。また、届いていたとしても迷惑メールになっていたり、たまたま見落とされていることも考えられます。

そこで、催促のメールを送る時は次の4点を注意しながら作成します。

❶本当に自分はメールを送ったか確認する
❷返信メールが届いていない事実を述べる
❸自分の過失の可能性を伝える
❹いつまでに返事を送ってほしいか期限を伝える

こちらの過失の可能性を伝えるということは、相手に逃げ道を残しておくことになります。こういったシチュエーションの場合は、つい怒りをぶつけるメールになりがちですが、大切なことは相手にアクションを起こしてもらうことなのです。

改善後

高木観光株式会社
安井麻美様

いつも大変お世話になっております。
株式会社スタジオオーノの正木です。

11月6日にお見積もりをお送りしましたが、
14日現在ご返事を頂いていないようです。

こちらからのメールが何かしらの理由により
安井様のところに届いていない可能性もあり、
再送させていただきました。

納期の関係もありますので、
11月20日までにご返事をいただけますと助かります。

お忙しいところ申し訳ございませんが
よろしくお願い申し上げます。

(署名略)

(以下に前回送ったメールを貼り付ける)

06 自分の意思を はっきりと伝える

誤解を招くような表現は使わない

イベントや打ち合わせの出欠の返信を出さなければならない場合、「欠席するつもりだけど、はっきりとは言いづらい」ということもあるでしょう。こういった場合、つい「出席は難しいかもしれません」という返信メールを送る人がいますが、この表現は誤解を与えるので要注意です。

改善前

明日のセミナーですが、
参加するのは難しいかもしれません。

言いにくいからと曖昧な返事をすると、勝手に解釈され、トラブルになったり、相手に再度確認のメールを送らせて、かえって迷惑をかけてしまうことにもなります。こういった場合は誤解を与えないように、出席なのか欠席なのか、はっきり意思を伝えるようにしましょう。

> **改善後**
>
> 12月15日のセミナー参加の件ですが、
> 所用のため欠席とさせて頂きます。

> **改善後**
>
> 明日19:00からの交流会ですが、
> 出席したいのですが予定がはっきりしません。
> 今回は申し訳ありませんが欠席とさせてください。

　また、依頼された内容に応じることができない場合、「それはできません」と意思をはっきり伝えるだけでは、その後の仕事につながりません。意思をはっきり伝えると同時に、別の提案をするなどこちら側のメッセージも伝えるようにしましょう。

ご依頼の件ですが、
日程的な理由により弊社ではできかねます。

ただ、別の材料を使うことにより
コストを下げつつ、さらに
納期も間に合う方法がございます。

　この提案があるだけで相手が受ける印象は違ってくるはずです。

07 社内の相手に言いにくいメールを送るには

社内であっても心遣いを忘れない

さて、断りのメールや謝罪のメールなどについて書いてきましたが、社内での対応はどうでしょうか。

基本的には社外の対応と変わりありませんが、社内の場合は人によって毎日顔を合わせることもあるでしょうから、メール一通によって人間関係が悪くなったということがないよう、断りや謝罪のメールは同じように心遣いを忘れないようにしましょう。

署名や書き出しの挨拶は、社内だから簡略化できますが、言いにくいメールの本文を短く簡略化すると、相手に誤解を与え、不快な思いをさせてしまいます。

改善前

お疲れ様です。
営業部の青山です。
明日の顔合わせですが、
時間が取れそうもないので変更してください。

上記のメールは、自分の都合だけで一方的な感じを受けるメール

になっていますので、こういった場合、相手の立場に立った文章をつくるようにしましょう。また、断る場合には、「なぜだめなのか」「どうしてほしいのか」などを明示します。

改善後

お疲れ様です。
営業部の青山です。
明日予定されていた顔合わせですが、
私のお客様がアポイントの変更をされてきた関係で
時間が取れそうにありません。
大変申し訳ありませんが、
日程を調整していただけますと助かります。

　以前、製薬会社にお勤めの方が私の講座を受講されましたが、「主に、海外の事業所と社内メールのやり取りを行なっていますが、メールを中心としたコミュニケーションをとっているために誤解が生じることがあります。しかし、心遣いのあるメールを送るようになってから、こちらの気持ちも理解してもらえるようになりました」と話されていました。
　「近い関係だから簡単に」はメールの場合、危険です。常に心遣いの言葉をひと言入れるよう心がけましょう。

```
                                  郵 便 は が き
料金受取人払郵便                   ┌─┬─┬─┬─┬─┬─┬─┐
                                  │1│0│1│8│7│9│6│
 ┌──────────┐                      └─┴─┴─┴─┴─┴─┴─┘
 │ 神田支店 │                                511
 │  承  認  │
 │  8823    │       (受取人)
 └──────────┘       東京都千代田区
                      神田神保町1—41
  差出有効期間
  平成25年1月
  31日まで        同文舘出版株式会社
                         愛 読 者 係 行
```

毎度ご愛読をいただき厚く御礼申し上げます。お客様より収集させていただいた個人情報は、出版企画の参考にさせていただきます。厳重に管理し、お客様の承諾を得た範囲を超えて使用いたしません。

図書目録希望　　有　　　無

フリガナ		性別	年齢
お名前		男・女	才
ご住所	〒 TEL　　（　　　）　　　　　Eメール		
ご職業	1.会社員　2.団体職員　3.公務員　4.自営　5.自由業　6.教師　7.学生 8.主婦　9.その他（　　　　　　　）		
勤務先 分　類	1.建設　2.製造　3.小売　4.銀行・各種金融　5.証券　6.保険　7.不動産　8.運輸・倉庫 9.情報・通信　10.サービス　11.官公庁　12.農林水産　13.その他（　）		
職　種	1.労務　2.人事　3.庶務　4.秘書　5.経理　6.調査　7.企画　8.技術 9.生産管理　10.製造　11.宣伝　12.営業販売　13.その他（　）		

愛読者カード

書名

- ◆ お買上げいただいた日　　　　年　　月　　日頃
- ◆ お買上げいただいた書店名　（　　　　　　　　　　）
- ◆ よく読まれる新聞・雑誌　　（　　　　　　　　　　）
- ◆ 本書をなにでお知りになりましたか。
  1. 新聞・雑誌の広告・書評で　（紙・誌名　　　　　　）
  2. 書店で見て　3. 会社・学校のテキスト　4. 人のすすめで
  5. 図書目録を見て　6. その他（　　　　　　　　　　）
- ◆ 本書に対するご意見

- ◆ ご感想
  - ●内容　　　　良い　　普通　　不満　　その他（　　　）
  - ●価格　　　　安い　　普通　　高い　　その他（　　　）
  - ●装丁　　　　良い　　普通　　悪い　　その他（　　　）
- ◆ どんなテーマの出版をご希望ですか

<書籍のご注文について>
直接小社にご注文の方はお電話にてお申し込みください。宅急便の代金着払いにて発送いたします。書籍代金が、税込1,500円以上の場合は書籍代と送料210円、税込1,500円未満の場合はさらに手数料300円をあわせて商品到着時に宅配業者へお支払いください。
同文舘出版　営業部　TEL：03-3294-1801

08 判断を仰ぐ場合は必ず返事をもらうこと

「返信は結構です」はトラブルの元

　会議や打ち合わせの日程調整などで何度かメールのやり取りをしていくと、本文に「このメールの返信は結構です」と入れる人がいます。相手に何度も返信してもらっては申し訳ない、または、答えはわかっているので返信しなくてもいいですよ、という思いやりから、ついこのような文章になるようです。

改善前

日程ですが、22日か23日ということでしたので、
22日に調整しました。
これでよろしければ返信メールは結構です。
よろしくお願いいたします。

　この場合、返信がなければ「イエス」になります。しかし、もしこのメールが相手に届かなかったら、また届いていたとしても、誤って削除したり、たまたま見逃して確認できなかったらどうなるでしょう。その場合、たとえ相手の答えが「ノー」だったとしても、当然返信メールが送れませんので、相手の答えは「イエス」になります。

これでは「変更したかったのに……」「どうして勝手に決めてしまったんですか」など、後々トラブルを起こす元になります。

　相手の答えが「イエス」または「ノー」どちらにしても、必ず返信メールを送ってもらい、最終的な相手の意思を必ず確認するようにしましょう。

改善後

日程ですが、22日か23日ということでしたので、
22日に調整しました。

ご参加、不参加にかかわらず
念のため返信メールにてお知らせ頂きますよう、
よろしくお願いいたします。

　こうすることで、相手から最終的な答えをもらうことができ、さらに履歴として残すことができます。

5章

そのひと手間が
コミュニケーションを
深める

01 相手に好印象を与えるメールとは

気持ちを伝えるにはひと手間が必要

　ビジネスでのメールは相手に情報を素早く正確に伝えることが大切である、ということは今までも書いてきました。それができていれば基本的に問題がないこともお伝えしました。

　しかし、そのメールに相手を気遣った思いやりのある言葉が少しでも入っていると、**相手との距離がぐっと縮まり、仕事が円滑に進む**などの効果が出てきます。

　だれでも気にかけてもらったり、仕事を認めてもらったり、人柄を褒められたりするとうれしいですよね。

　ビジネスのメールは仕事に関するやり取りにすぎないかもしれませんが、**メールを読むのは"人"です。**

　メールでのやり取りは人と人とのコミュニケーションであることに変わりありません。メールにひと手間をかけることで深いコミュニケーションが生まれ、より良好な関係を構築することが可能なのです。

　例えば、あなたが相手の行為を本当にありがたいと感じて、感謝の思いを伝えようと次のようなメールを送ったとします。

> 先日はありがとうございました。
> ところで次回の打ち合わせの件ですが……

　しかしこのメールからは、受け取った相手にあなたが「どれほど」ありがたかったか、という思いまでは伝わりません。逆に「もしかしたら迷惑だったのかな……」と勘違いされるかもしれません。

　1章で「電話や対面では伝わるはずの細かい表現が、文字情報のみのメールでは伝わりにくい」と書きました。ではどのようにしたらメールでこちらの気持ちを伝えることができるのか、また、好印象を与えるメールを届けることができるのでしょうか。この章では、その方法をお伝えしていきます。

02 相手を気遣う言葉が心をつかむ

ビジネスのメールだからこそ心遣いを

　ビジネスにおけるメールというのは、「時間がないから」「いつものことだから」と、つい情報を伝達するだけのそっけない文章になりがちです。しかし、そこにちょっとした心遣いの文章を挟むだけで、ただの「送信メール」があなたの真心を届ける「送心メール」となるのです。

　ビジネスなんだからそんな必要はないと思われますでしょうか？　おそらく多くの人はそこまで深く考えてはいないでしょう。だからこそ、マナーのしっかりした丁寧で気配りのあるメールを送り続けることが大切なのです。そうして、信頼のおける関係性を築き、仕事をスムーズに運び、ビジネスチャンスを引き寄せていきましょう。

改善前

お世話になっております。
発注していた商品が昨日届きました。
お客様からは特にクレーム等ありませんでしたので
次回も同じ形式で進めたいと思っております。
よろしくお願いいたします。

いかがでしょう？　皆さんがいつもやり取りされているメールはこのような内容ではないでしょうか。もちろんこれで間違いはありません。というより、ビジネスのメールとしてはよくできた内容だと思います。

　しかし、これだけでは読んでも印象に残らず、埋もれてしまう"ただのビジネスメール"で終わってしまうでしょう。ここにひと手間かけた心遣いのある言葉を少し入れるだけで、相手の心に届く「送心メール」となるのです。

改善後

お世話になっております。

発注していた商品が昨日届きました。

納期の件ではありがとうございました。
いつも無理を聞いて頂き本当に助かっています。

田中さんが笑顔で接してくださるので
うちのお客様も会うのが楽しみと喜んでいます。

特にクレーム等ありませんでしたので
次回も同じ形式で進めたいと思っております。

よろしくお願いいたします。

こういった言葉はビジネスのメールには必要ないと思われるかもしれません。しかし、このひと言がコミュニケーションを円滑にするのです。
　私の講座に参加してくださった人事労務コンサルタントの榎本淳司さんは、心遣いの言葉を意識して使うようになってから、相手からの返信メールが今まで以上に親しみを持った内容になってきたと言います。その後、「榎本さんのメールはきちんとしていて、信頼感があるね」との言葉を頂くようになったと喜びのメールを送ってくださいました。
　また、同じく講座を受講してくださった金融コンサルタントの石川雅弘さんも、「心遣いの言葉を意識するようになり、お客様から返信数が多くなりました！」と近況をメールしてくださいました。

　一行でもいいのです。ひと手間をかけた心遣いの文章を入れることにより、コミュニケーションが活性化し、相手との関係性も深まっていくのです。

03 好感が持てる書き出しとは

書き出しで好感度アップ

書き出しはバリエーションを持って、同じものを使うだけでなく、状況に応じて使い分けましょう、とお伝えしました。相手に好感を持ってもらうためには、相手に合わせた書き出しが必要です。

(相手からのメール)
貴社益々ご清栄のこととお慶び申し上げます。
日頃のご愛顧に感謝申し上げます。

(あなたの返信メール)
こんにちは。
ご連絡ありがとうございます!
いつも安くしていただき感謝です!

このように相手が堅い書き出しでメールを送ってきたのに、こちらがあまりにフランクでは相手が不快に感じるかもしれません。

書き出しは相手の立場や状況に合わせて使うようにしましょう。

【一般的】

▶お世話になります。
▶いつも大変お世話になっております。
▶ご連絡頂きありがとうございます。
▶早速のご回答ありがとうございます。

【通常よりやや堅め】

▶貴社益々ご清栄のこととお慶び申し上げます。
▶平素は格別のご高配を賜り感謝申し上げます。
▶毎度格別のお引き立てを賜り厚く御礼申し上げます。

【社内】

▶お疲れ様です。
▶こんにちは。
▶お世話様です。

【初めての相手】

▶はじめまして。
▶初めてご連絡いたします。
▶突然メールをお送りして失礼いたします。

04 好感が持てる結びの言葉とは

相手や目的に合わせた結びの言葉を使おう

　結びの言葉も書き出しの挨拶と同じようにバリエーションを持っておきましょうと書きました。大切なことは、その丁寧な結びによって相手から確実にアクションを起こしてもらうことです。結果的にビジネスがスムーズに進み、相手から好感を持ってもらうことになるのです。

　返信がほしいのか、それはいつまでなのか、など具体的に書いておくと相手から返信が来る確率が高くなります。

【返信を依頼する場合】

▶ご返信よろしくお願いいたします。
▶ご確認いただきご回答お願いいたします。
▶添付ファイルをご確認いただき、10月20日までにご検討頂けますようよろしくお願いいたします。

　時間がないから簡単に済ませたいけど、丁寧に伝えたいという場合など、状況に応じた結びの言葉を選びましょう。

【一般的】

▶よろしくお願いいたします。
▶今後ともよろしくお願いいたします。
▶ご検討よろしくお願いいたします。

【丁寧】

▶お手数おかけしますが、よろしくお願いいたします。
▶皆様のご健康とご活躍をお祈りいたします。

【通常よりやや堅め】

▶今後ともご指導ご鞭撻の程よろしくお願い申し上げます。
▶今後とも一層のお引き立ての程よろしくお願いいたします。

【社内】

▶よろしくお願いいたします。
▶以上、お知らせいたします。

【急いでいる時】

▶取り急ぎご連絡いたします。
▶取り急ぎメールにてご報告申し上げます。
▶用件のみにて失礼いたします。

05 相手に好印象を与える言い回しとは

必ずどこかにポジティブな言葉を使おう

とくに意識せず書いた文章が、受け取った相手を不快にさせるということは意外に多くあるものです。あなたも過去に受信したメールで思わず「カチン」ときたという体験をお持ちではないでしょうか。受け取る相手が、このメールを読んでどう感じるか、ということを常に意識しながら文章をつくるよう心がけましょう。

改善前

先日お送り頂いた原稿の校正です。
全体的には素晴しい文章ですが、
間違った言葉遣いが多いようですね。

いかがでしょう？「まあ確かに言葉遣いに自信はないけど、でも……」と、なんとなく不快な思いになるのではないでしょうか？

注意したり改善点を指摘する場合でも、**最後にいいところも見つけて褒める**などして、全体的にポジティブな印象を与えるメールにしましょう。

不快に受け取られそうな文章でも、言い回しを少し変えるだけで好印象を与える文章に変えることができます。

改善後

先日お送り頂いた原稿の校正です。
若干言葉遣いが気になりますが、
全体的には素晴しい文章ですね。

相手に頼む時も、一方的な言い方ではなく、尋ねる言い回しにすると「はい」「いいえ」の答えが引き出せて、コミュニケーションが生まれます。

間に合わせてください。　…　×
↓
間に合わせて頂けますか。　…　◎

また、言葉の順番を変えるだけでも相手に与える印象が変わってきます。最後に肯定的な言葉を置くことにより、文章を全体的にポジティブな印象にすることができます。

一所懸命やっておりますが、遅れてしまいそうです。　…　×
↓
遅れてしまいそうですが、一所懸命やっております。　…　◎

「○○はありません」「○○はできません」という言葉だけでは流れが止まってしまいます。意見や提案を加えることによって「できない」というマイナスを打ち消すことができます。相手にとってメリットとなる言葉を意識して使うようにしましょう。

○○はありません。　…　×

↓

○○はありませんが、▲▲ならご用意できます。　…　◎

　言葉遊びのようですが、ちょっとした配慮で相手に好印象を与える文章になるのです。

06 距離を縮めるひと言を

相手の空気を読みながら

　最初は堅い文章でも、メールを何度もやり取りしているうちに、もう少し相手との距離を縮めたいと感じることがあります。そんな時はさり気なく相手を気遣う言葉を使ってみましょう。

急に寒くなってきましたが、
体調管理には十分お気をつけくださいね。

いつも素早い返信をお送り頂き
本当に助かります。

　こういった言葉は普段の会話であまり出てきませんよね。それだけに相手の心に印象を残す言葉となります。

　また、ポイントで語尾に「〜ね」や「！」などを使うと親近感のある文章になり、相手との距離を縮めることができます。

メールは毎日チェックしていますので、
お気軽にお問い合わせくださいね。

> 素晴しい仕上がりですね。
> とても初めてとは思えません！

　また、相手を信頼するフレーズを使うと気持ちが伝わるメールになります。

> 加藤さんがいてくださるのでとても心強いです。

> 工藤さんが担当なので
> 安心して進行することができます。

　ただし、相手がこういったメールを不快に感じてしまっては仕方ありません。相手との関係性や状況などを考えて、空気を読みながら上手に使ってください。
　私の「ビジネスメールコミュニケーション講座」に参加してくださったドリームインテリジェンスの酒井麻衣子さんは、今まで以上にメールを送る相手への気遣い、心配りができるようになったそうです。「お客様から酒井さんのメールで元気が出る、励まされる、頑張ろうと思えると嬉しいコメントをもらいました」と報告を頂きました。

　また、本文に関係ないことをあまりたくさん書きますと、逆にわかりづらくなる可能性があります。そのような時は135ページで解説する「追伸」をうまく利用しましょう。

07 季節の挨拶で柔らかな雰囲気を

メールではちょっと軽いタッチで

手紙などでは頭語に季節の挨拶などを持ってきますが、ビジネスのメールでも前文などで利用すると柔らかい雰囲気になります。ただ、手紙と同じ語調では堅くなりすぎますので、多少変えて状況に応じて使ってみるとよいでしょう。

【季節の挨拶の例】

(1月)
▶新たな年を迎え、更なる目標に向かってがんばります。
▶今年の目標は決まりましたでしょうか？
▶日ごとに寒さが増してまいりました。

(2月)
▶立春ですが、相変わらず寒い日が続いております。
▶なんとなく春の気配を感じるようになってきました。

(3月)
▶日ごと春めいてきましたね。
▶陽の光が柔らかく感じられてきました。

(4月)
▶桜が満開となりました。
▶春たけなわとなりましたね。

(5月)
▶さわやかな5月晴れの日が続いております。
▶若葉が目にまぶしい季節となりましたね。

(6月)
▶紫陽花の花が美しい季節となりました。
▶梅雨の晴れ間に夏を感じるようになりました。

(7月)
▶いよいよ夏本番ですね。
▶厳しい暑さが続いておりますが、お元気でしょうか。

(8月)
▶残暑が厳しいですが、皆様お元気でしょうか。
▶暑い日が続いていますが、いかがお過ごしですか。

(9月)
▶ようやく過ごしやすい季節になってきました。
▶秋風が心地よい季節となりました。

(10月)
▶さわやかな秋晴れが続いております。
▶気がつけばすっかり秋めいてまいりました。

(11月)
▶穏やかな小春日和に気持ちも落ち着きます。
▶朝夕の冷え込みが身にしみますね。

(12月)
▶本格的な冬の到来で寒い日が続いております。
▶年末を控え、お忙しい毎日だと存じます。

　若い人が年上の相手にメールを送る時など、こういった季節の挨拶をさりげなく入れると「なかなかしっかりしているじゃないか」と好感を持たれます。しかし、立て続けに使うと「回りくどいな」「いつもわざとらしいな」と、逆効果になることも……。初めてのメールや久しぶりのメールなど、その時の状況をよく考えて効果的に使いましょう。

08 前文で気持ちをほぐすには

相手のことをさりげなく話題にする

前文というのは本文の前に書く文章で、以前の話題や、世間話、その時話題になっているニュースなど、本文へつなぐためのクッションの役目になります。

最近急に風邪が流行り出しましたね。
会社の皆様はお元気でしょうか？
さて、21日の打ち合わせの件ですが……

以前ご一緒させていただいたゴルフですが、
その後いかがでしょうか？
また今度、ぜひお付き合いくださいませ。
さて、新しい企画の件でご相談です。

また、相手の名前をさりげなく話題に盛り込むと前文からグッと距離が縮まることがあります。効果的に使うようにしましょう。

先日、大平課長がおすすめの栄養ドリンクを飲んだところ、翌日にすっかり体調が戻りました。
本当にありがとうございました。
疲れがたまっているという部下の阿部にも
ぜひすすめようと思います。
さて、現在進行中のプロジェクトについてですが、……

　ただこの前文も、相手との関係性や状況をわきまえることが大切です。相手が触れたくない話題を出したり、納期に余裕がない時に長々と書くなどして、相手を不快にさせたり、仕事に差し支えが出ないよう十分気をつけましょう。

09 追伸で差別化を図る

ビジネスでも積極的に利用しよう

　本来、「追伸」は手紙などで本文に書き忘れたことを書き足すために使うものです。後から書き換えが可能なメールには追伸は必要ないとも言えます。

　しかし、ビジネスのメールではあまり使われないからこそ、他の人のメールと差別化が図れ、よりあなたを印象づけることができるのです。

　ビジネスメールの追伸は、相手の行為や態度を褒めたり、役に立つような情報を伝えるために使うと効果的です。

　追伸は本文の最後、そして署名の前に挿入します。署名のさらに後に入れる人がいますが、署名で終わりと思われて見逃されてしまう恐れがありますので、必ず本文と署名の間に挿入するようにしましょう。

株式会社ドーガマインド
伊藤様

いつも大変お世話になっております。
株式会社ユーストライフの川井です。

予定通りに納品頂き、ありがとうございました。
予備がありましたらお送りくださいませ。

お忙しいところ申し訳ございませんが
よろしくお願い申し上げます。

追伸：
駅前に新しいラーメン屋さんがオープンしました。
とんこつのつけ麺があっさりしていておすすめです。
今度お昼でも一緒にいかがですか？

======================================

株式会社ユーストライフ　制作部　部長　川井学
〒000-0000　東京都新宿区○○町○-○-○
TEL 03-0000-0000 ／ FAX 03-000-0000
http://example.com/　infom@example.com

======================================

【親しみが湧く追伸の例】

追伸：
先日の出版イベントは大入りでしたね！
中島さんの営業力はさすがです。

追伸：
交流会ではありがとうございました。
あれだけたくさんの方が集まるのは
鈴木さんの人柄ですね！

追伸：
熊坂さんが出演されたテレビ番組、
拝見いたしました。
自分のことのようにうれしかったです！

追伸：
明日の20:00からBSで、田村さんの好きな
ビートルズのインタビュー番組が放送されます。
録画予約をお忘れなく！

　こんな実例があります。私の講座に参加してくださった松屋不動産の福嶋秀樹さんは、「心遣いの文章と追伸を効果的に使おう！」と決意され、その後問い合わせなどの返信メールに、必ず「心遣いの文章」や「追伸」を付けて送信しました。

すると、
「メールを送って2分で2部屋のお申し込み」
「返信率80％以上」
など、劇的な変化が次々に起こり始めました。

　一番うれしかったのは、心遣いの文章を書いたことで**たくさんの「ファン」ができた**ことだそうです。ファンになってくださったお客様の**口コミで別のお客様が来てくださる**という、理想的なビジネスモデルができたのです。

　今では福嶋さんは一切紙媒体の広告を出さず、お客様とはひたすらメールでコミュニケーションをとっています。心遣いの言葉や追伸の使い方によって、お客様の信頼を得ることができ、お店と自分のファンをつくり、顧客を増やしていくことが十分可能であるということを証明してくださいました。
　また、同じくマーケティングコンサルタントの井上信次さんも、「追伸をよく活用するようになりましたが、これに対するご返事が増えました。コミュニケーションをよくするのに効果抜群の活用法ですね」と追伸の効果を感じて頂けたようです。

10 感謝は文章の量で表す

文字情報のみというデメリットを克服

メールは一行、もしくはひとつの単語だけで相手を不快にさせてしまうことがありますが、相手に感謝の気持ちを伝える場合には、一行や単語ひとつだけでは難しいものです。

例えばあなたが、お客様から突然納期を一日早めてくれと言われたとします。一所懸命に社内や外注先をやり繰りしながら段取りを組み、何とか要望通り早めに納めることができました。

その後、お客様から届いたメールの内容は……

> お世話になります。
> 株式会社上之原ハウスの花岡です。
> 発注していた商品が本日届きました。
> ありがとうございました。
> 尚、次回も同じ仕様でお願いする予定です。
> 今後ともよろしくお願いいたします。

どうでしょう？　人によっては「もう少し感謝の言葉があってもいいんじゃないのかな……？」と感じるかもしれません。

電話や顔を合わせて話をする時には、表情や声のトーンなどから相手の気持ちが伝わりますが、文字情報だけのメールでは伝わりにくいのです。

コガネイプランニング株式会社
三川様

お世話になります。
株式会社上ノ原ハウスの花岡です。

発注していた商品が本日届きました。
ありがとうございました。
こちらもお客様に予定より
早く納品することができ、
大変喜んで頂くことができました。

部長の土屋も、三川さんにお願いすれば
間違いないと全幅の信頼を寄せております。

尚、次回も同じ仕様で発注する予定です。
いつも無理を聞いて頂きありがとうございます。

今後ともよろしくお願いいたします。
（署名略）

感謝の思いを伝えたい時は文章の量で表しましょう。メールでは、普通の会話ではここまで言わないと思えるような文章のほうが、感謝の気持ちを伝えられると思ってください。

【感謝を表すフレーズ】

> ▶ありがとうございます。
> ▶感謝申し上げます。
> ▶大変助かります。
> ▶恐縮です。
> ▶光栄です。
> ▶いつもすみません。

　相手を褒めたり、感謝の思いを伝えるというのは、いざやってみようと思うと簡単なようで案外難しいものです。日頃から家族や同僚のいいところを見つけて褒めてみる、また、賛嘆の言葉を紙に書き出してみるといいでしょう。人のいいところを見つけてすぐに褒めることができるようになることが、コミュニケーションが上手になるコツでもあります。

11 敬語の正しい使い方

相手との関係で使い分ける

ビジネスでメールを利用しようとする際、よく悩むのが敬語の使い方ではないでしょうか？　とくに、尊敬語や謙譲語の使い分けはわかっているようで実はわかっていないという人が多いようです。敬語はその使い方の本がいくつも出ているほど深いものなので、ここでは基本的なことを書いておきます。

まず尊敬語とは相手を敬い立てる敬語であり、謙譲語とは自分や身内のことを低くすることにより相手に対して敬意を表す敬語です。この使い分けをよく理解しておきましょう。

これまで敬語は、尊敬語・謙譲語・丁寧語の3種類でしたが、平成19年の『敬語の指針』（文化審議会答申）から尊敬語・謙譲語Ⅰ・謙譲語Ⅱ（丁重語）・丁寧語・美化語の5種類となりました。

- 尊敬語　…　「いらっしゃる・おっしゃる」など
- 謙譲語Ⅰ　…　「うかがう・申し上げる」など
- 謙譲語Ⅱ　…　「まいる・申す」など
- 丁寧語　…　「です・ます」など
- 美化語　…　「お酒・お料理」など

ではそれぞれの例をあげてみましょう。

【尊敬語】
- 言う　→　おっしゃる
- 話す　→　おっしゃる、お話しになる
- 聞く　→　お聞きになる、お聞きくださる
- 行く　→　いらっしゃる、お越しになる
- 飲む　→　お飲みになる、召し上がる
- 会社　→　御社、貴社

【謙譲語】
- 言う　→　申し上げる、申す
- 話す　→　申し上げる、お伝えする
- 聞く　→　うかがう、承る
- 行く　→　参る、おうかがいする
- 飲む　→　いただく
- 会社　→　弊社、小社

【丁寧語】
聞き手に対して丁寧に表現する言葉です。
- 言う　→　言います
- 話す　→　話します
- 聞く　→　聞きます
- 行く　→　行きます
- 飲む　→　飲みます

【美化語】

ものごとを美化して使うものです。
- お菓子
- おみやげ
- お刺身
- お化粧
- ご祝儀

　ビジネスでメールを利用する場合、間違えやすいのが、「敬称・卑称」の使い方でしょう。

(間違った例)
- 株式会社ホサカ会計センター御中　森田様
- 実行委員 各位殿
- 第一グループ様各位
- 水谷部長殿
- 馬場課長様

(正しい例)
- 株式会社ホサカ会計センター　森田様
- 実行委員 各位
- 第一グループ各位
- 水谷部長
- 馬場課長

「御中」に「様」や「殿」を付けてしまうと二重敬称になってしまいます。組織名と個人名を同時に使う場合は個人名だけに敬称を付けるようにしましょう。また、「各位」や「部長」「課長」なども同様に「様」や「殿」は付けません。

　また、「わかりました」という意味で「了解しました」と使うことがあると思いますが、「了解」という言葉には尊敬の意味が含まれておりませんので、目上の人に使ってはいけません。「承知いたしました」「かしこまりました」などを使うようにしましょう。

　新入社員の時はとくに、この尊敬語や謙譲語がわかりづらいと感じるものです。メールの場合は送信前に先輩や上司に見てもらうなどしてチェックしてもらうのもいいでしょう。また、敬語に関する書籍を購入して読んでおくこともおすすめします。

Column

返信がないと着信がわからない

　私の会社は大正10年創業の印刷会社で、もうすぐ創業100年になろうとしています。しかし、数年前にこれからの仕事の中心を、デザインやインターネット関係に置くことに決め、思い切って印刷機を手放しました。現在の印刷工程は100％外注です。ただ、簡易印刷機による名刺、ハガキは自社でオンデマンドしています。

　先日も常連のお客様からハガキ印刷の注文が入り、用紙の在庫がないのに気がつき、業者さんに発注しようとしました。いつもは電話で発注していたのですが、たまたまメールアドレスを発見したので、「そうそう、メールで注文したほうが履歴が残るからいいよね」と思い、用件を書き込んで送信しました。文章の最後に、「内容をご確認頂きましたら、返信メールをお送りください」と一文をつけました。

　普通はこの文章を付けなくても、「ご注文ありがとうございました」という返信メールは送るものです。ところが、翌日になってもメールは一向に届きません。おかしいなと思い、心配になって電話をかけると、

業者：「はい、あ、担当者が持ってすでに出ております」
私　：「メールは見てくださったんですね？」
業者：「あ、はい、見ました！」
私　：「返信メールがなかったもので……」
業者：「ご安心ください！　ちゃんと届いておりますので！」
　オイオイ……(^_^;)。メールのマナーは守りましょう。

6章

これだけは覚えたい
ファーストメールマナー

01 ファーストメールが重要な理由

相手とあなたの認識はイコールではない

　本章「これだけは覚えたいファーストメールマナー」は、2章の「これだけは押さえたい基礎ルール」の内容と重複するところがあります。ただファーストメールは、その後のアプローチに大きく影響しますので、復習の意味でも再度確認してみましょう。

　メールがビジネスでのコミュニケーションツールとなってだいぶ経ちます。名刺交換や資料請求後のアプローチ、また顧客を新規に開拓したい場合、多くの方がメールを積極的に活用しています。
　しかし、残念ながらルールを知らずにファーストメールを送ることにより、せっかくのビジネスチャンスを取りこぼしているケースが少なくありません。
　例えば、あなたの元にこんなファーストメールが届いたらどう思われるでしょうか。

> 株式会社ジョイフォレスト
> 小関さま
>
> こんにちは。
> 山岡さんよりご紹介頂きました。
> いきなりのメールでスミマセン…（＾＾；）
> 何はともあれ今度わが社の製品を見てください！
> 何卒、よろしくお願いいたします＜（＿＿）＞

　名乗りがない、顔文字、感嘆符、売り込み……。
　本書をここまで読んでこられたあなたなら、これがファーストメールにふさわしいかどうかおわかりになると思います。
　しかし、実際私はこれに近いファーストメールをもらうことがあるのです。このようなメールからは「仕事ができない」「信頼できない」「礼儀を知らない」など、マイナスの印象しか残りません。それも、一度も会ったことがない、話しをしたことさえない相手であればなおさらでしょう。

　何度も書きますが、メールで伝えられるのは文字の情報だけです。対面ならわかるあなたの表情や雰囲気は相手には伝わりません。それだけにファーストメールは基本ルール、マナーを守って、相手から好感を持ってもらえるメールにしなければなりません。

【ファーストメールの書き出しと結びのフレーズの例】

はじめまして。
よろしくお願い申し上げます。

はじめてメールさせていただきます。
ご検討のほど、よろしくお願いいたします。

メールありがとうございました。
お気軽にお問い合わせください。

昨日はありがとうございました。
今後ともよろしくお願いいたします。

問い合わせありがとうございます。
このご縁に感謝申し上げます。

02 やはり大切、素早いアクション

24時間以内にメールを送ることが重要

　ファーストメールで最初にしなければならない大切なこと。それは**素早いアクション**。つまり相手にできるだけ早くメールを送ることです。

　これは3章でもアンケートの結果として述べていますが、送られて来るはずのメールが24時間を過ぎても届かないと、「遅い」「いつになったら届くのか」と不安や心配を感じる人が9割近くいるのです。

　これは、問い合わせや資料請求などに対するお客様への最初のアプローチとしてやってはいけないことです。

　もしあなたが、ある商品のサービスの詳細を知りたくて、同じようなサービスを提供している数社にメールで問い合わせたとします。ある会社からは数時間後にメールが返って来ました。別の1社は翌日に、そして残りの会社からは翌々日に届きました。もしもサービス内容、料金がほとんど変わらないとしたら、あなたはどの会社に決めるでしょうか。

　また、交流会等で名刺交換をして、その日のうちにお礼のメールを送ってきた人と、数日経ってから送ってきた人がいたとします。メールの内容にほとんど差がない場合、どちらの人とビジネスを進

めていきたいと思うでしょうか。

どちらも、「早く」連絡が来たほうではないでしょうか。

「素早いアクションができる人」、つまり、最初にメールを送って来た人に好印象を持つことでしょう。実際、メールの対応が早いという理由だけで指名されることはよくある話なのです。

とくに最近は、ネットでの問い合わせ窓口を24時間対応とうたうところが増えてきました。それだけに、エンドユーザーも対応にかかる時間をシビアに見るようになっています。

メールは必ず相手に届くとは限りません。たとえ届いたとしても、迷惑メールに振り分けられたり誤って削除されてしまうなど、読まれない可能性があるのです。過去にそういう経験がある人ほど、「もしかしてこちらのメールが届いていないのでは？」と不安に感じています。

とくにファーストメールは、24時間以内のアクションを心がけてビジネスチャンスを引き寄せていきましょう。

03 送信者名と件名が重要

メールを開いてもらうための第一歩

あなたが送ったファーストメールを開いてもらうには、「送信者名」と「件名」、この二つがポイントになってきます。

まずは、送信者名です。必ず「どこのだれかがわかる送信者名」にしましょう。

ファーストメールで送信者名を「hiroyuki mizukoshi」のように英語にすると迷惑メールに振り分けられたり、削除されるおそれがあります。それにメールボックスを見た時にわかりづらいですよね。

基本的に送信者名は「有限会社ミズコシ（水越浩幸）」のように「会社名＋名前」にします。

```
Hiroyuki Mizukoshi   …  ×
みずこしひろゆき   …  ×
H.M  …  ×


有限会社ミズコシ（水越浩幸）  …  ◎
```

なお、送信者名を変更する際には、Outlook Express、Windowsメール、Windows Live メールの場合、ツール→アカウントを選択。「インターネット アカウント」が表示されますので「メール」項目にあるアカウントを選択し、[プロパティ] をクリックします。「全般」タブが表示されるので、「名前」の欄に日本語で「会社名＋名前」に変更して [OK] をクリックします。

　次に件名ですが、こちらは「**内容が判断しやすい件名**」を心がけましょう。
　メールは件名から内容を推測しますので、件名が「ご確認」や「ご案内」ですと、自分に関係ないとメールと思われて削除される可能性があります。
　とくにファーストメールでは、「【ビジネスメール研修】資料送付の件」のように相手の頭にあるキーワードにヒットする、具体的でわかりやすい件名にしましょう。

ご報告　…　×
お礼　…　×
重要！　…　×
お知らせ　…　×
おはようございます　…　×

お問い合わせありがとうございます（稲葉グリーン企画）　…　◎
（再送）3/11 お問い合わせ頂いた内容に関して　…　◎
【お礼】2/11 メールセミナー研修の件　…　◎
マナー研修の開催日時について（五十嵐キャリア研修所）　…　◎

例えば名刺交換の後、初めて送ったメールの件名が「お礼」だけになっていたら果たして相手は開いてくれるでしょうか？　メールの通数が多く、ある程度メールスキルを身につけている人ほど警戒して、開く優先順位が低くなる可能性があります。

　メールを使ってもっと仕事を円滑に進めたい、コミュニケーションをとっていきたいと考えているのであれば、まず開いてもらうための件名の付け方が、メール本文を読んでもらうための第一ハードルです。

　ファーストメールで開いてくれなければセカンドメールはもちろん、その後の進展も難しくなります。

　何はともあれまずメールを開いてもらう。そのためにも、送信者名をしっかり設定して、相手にしっかり認識してもらえる件名を付けてください。

04 できるメールは見た目で左右される

読みにくいメールには未来がない!?

　初めてもらったメールを開いたとたん、改行されずに画面の端まで続いている文章に驚いたことはありませんか？　雑誌や書籍と同じ扱いで、句点でしか改行しないという人もいます。

　コンテンツ（内容）が大切なことは言うまでもありませんが、メールは見た目がとても重要だということを覚えておいてください。ファーストメールで読みにくいというストレスを感じたら、次からは送信者名を見ただけで読みたくないと思われたり、場合によっては削除されてしまうかもしれません。

　見た目がよくないファーストメールには未来がないと言ってもいいでしょう。

　それでは、具体的な点をお伝えします。

　まず、一行は20～30文字にします。このくらいの長さが読みやすいとされています。

　そして、3～5行書いたら、次に一行空けましょう。6行以上の固まりになると非常に見づらくなります。

> メールをありがとうございます。
> 先日は大変有意義な時間を過ごすことができ、
> 今後についていろいろと考えるよい機会になりました。
>
> 弊社が開催している Facebook セミナーが
> 5 月中旬に予定されていますので、
> よろしければご招待させてください。

　また、漢字を連続で使うと見にくくなりますので、ひらがなをやや多めに使うよう意識します。機種依存文字の使用も相手に不快感を与えますので注意してください。

05 相手との関係性や目的などを明記

最初の10行でコンパクトに伝える

ファーストメールでは本文の冒頭に、

❶自分が何者なのか
❷相手との関係性
❸どうやって知ったのか
❹目的は何か

などをまとめて書きましょう。

このような説明がない場合、相手は不安になり、「あれ？　だれだっけ？」とストレスを抱えながらメールを読み続けることになります。そこへ続けざまに商品やサービスを紹介をされたり、売り込まれてもアクションを起こしてくれるはずがありません。

ファーストメールで大切なのは、まずあなたのことやメールの目的など、**相手を安心させるための情報を伝えること**なのです。

> はじめまして。
> わたくし株式会社ホリオークションの山田と申します。
>
> 以前より購読している今井様のメールマガジンの中の
> 「iPadのビジネス活用術」について興味を持ちました。
> 弊社はメディアコンサルタントとして、
> ネット活用を提案しております。
>
> 今後、iPadの活用講義の定期開催を考えており、
> 今井様に講師をお願いしたくご連絡させて頂きました。
> 一度お会いしてお話しさせて頂けますでしょうか。
> ご検討の程よろしくお願いいたします。

　ファーストメールでこうした関係性や目的をコンパクトにまとめて伝えると、はじめから「仕事のできる人」という印象を持ってもらうことができます。とくにまだ一度も会ったことのない人には、メールの文体や言葉からのイメージが大きく影響します。

　ファーストメールで相手の知りたい情報を的確に伝える。忘れずに実行してくださいね。

06 要点をわかりやすく伝えよう

箇条書きなどで短く簡潔に

　情報がやたら多くてまとまりがなく、結局何が言いたいのかわからないメール。せっかく開いてもらったのに、これでは印象を悪くしてしまい、次から開いてくれない可能性も……。

　メールの内容はもちろん大切です。しかし、要領を得ない読みにくいファーストメールは相手に正しく情報が伝わらないばかりか、「仕事ができない人だな」という印象を強く与えてしまうことにもなるのです。

改善前

初めてメールいたします。
弊社は名刺、封筒から大部数折り込みチラシ印刷までを企画から印刷まで一貫して承っており、その中でも特に得意なのはポスターやカタログです。また、ホームページの作成もできますし動画の制作も得意としてますので、いつでもお問い合わせください。名刺は特に安くて早いとご好評を頂いておりますし、イベント用ののぼり制作にも対応しております。
株式会社エーアイシークリエイト　長谷川

まず情報量が多い場合は**箇条書き**にしましょう。見た目がわかりやすいと理解されやすくなります。

また、一文にいくつもの情報要素が入っているとわかりづらいので、句点で区切るなどして短く分けましょう。

改善後

はじめまして。
株式会社エーアイシークリエイトの長谷川と申します。

貴社ホームページを拝見し、お役に立てることがあればと思い、
初めてメールさせていただきました。

弊社は創業90年の広告関連の制作会社で、
企画から制作まで一貫して承っております。
弊社の業務内容をご案内させて頂きます。

■名刺、封筒などの事務印刷
■チラシ印刷（少部数から大部数まで）
■ポスター、カタログ（弊社オリジナルテンプレート有）
■ホームページ制作（印刷データとの共有でコスト削減）
■イベント用スタッフジャンパー、のぼり制作
■動画制作（ホームページと同時作成がお得）

すべて企画から制作まで一貫して承っております。
何かございましたらお気軽にお問い合わせください。

07 署名もしっかりつくっておこう

自分の情報を詳細に伝えて安心感を

　本文の最後に挿入される署名。これもファーストメールでは大変重要です。初めて送ったメールでは、本文にあなたの会社の情報を書かない限り、署名でしか知ることができません。

　もし署名に必要な情報がない場合、相手がメール以外の方法で連絡を取りたいと思ってもわからず、断念されてしまうこともあり得ます。

株式会社ミズコシ商会
水越繁雄
mizu@example.com

　社内でのメールや、お互いをよく知っている関係であればこれでもいいでしょう。しかし、ファーストメールではあまりにも情報不足で相手に不信感さえ与えてしまいます。

　署名に電話番号やWEBサイトのURLの情報があれば、メール

以外でのコミュニケーションが可能になります。

　署名はメール上の名刺と考え、氏名、会社名、郵便番号、住所、電話番号、FAX番号、URL、メールアドレスをひと通り入れておきましょう。

　また、会社のキャッチコピーや、商品の宣伝、イベント情報等を入れるのもいいでしょう。

★9/1よりメディア塾の第12期生募集！

株式会社 ミズコシ商会　水越繁雄
住所：〒000-0000　東京都港区0-00-00
tel: 03-000-0000 fax: 03-000-0000

---

http://example.com
Twitter　http://twitter.com/mizu-pri
Mail:mizu@example.com

---

08 自動返信をもっと活用しよう

自動返信はりっぱなファーストメール

　WEBサイトから問い合わせや資料請求をすると、まず始めに送られてくるのが自動返信メール。今では多くのサイトで利用されています。

　素早い返信が大切とは言っても、夜中や早朝まで対応するのは人的にもコスト的にも厳しいものがあります。

　「メールをお送り頂きありがとうございました」という返信メールは、たとえ機械的に送られているとしても、メールが相手に届いたという安心感を与えることができます。

改善前

◎このメールは自動返信で送られています。
この度は「エコサマーフェスティバル」にお申し込み頂き
ありがとうございます。
後ほど担当者よりご連絡させていただきます。

　ただ、このメールが相手への最初のアプローチとなる重要な役割を担っている割には、定型のそっけない文章であることが多いのはもったいない気がします。

その時々に、相手にお知らせできる情報をこまめに盛り込むなど、ファーストメールとなる自動返信メールをもっと活用してみてください。

改善後

◎このメールは自動返信で送られています。

この度は「エコサマーフェスティバル」にお申し込み頂き
ありがとうございます。

実行委員一同、皆様に楽しんでいただけるよう、
ワクワクするような企画を考えてお待ちしております。
忘れないように今から予定表に書き込んでおいてくださいね。

後ほど担当者よりご連絡させていただきます。

【抽選で50名様に当たるお楽しみプレゼント実施中！】
ぜひメルマガにご登録ください！
メルマガ登録はこちらから→ http://example.com

　このように、フォームからの自動返信がファーストメールであると意識して文章を組み立てると、自動返信とわかって受け取ったとしても、会社への印象がプラスに働いたりアクションを起こしてもらいやすくなります。

09 名刺交換時にチェックすること

その時に何を話すかが大切

　営業先で、また交流会などで名刺交換をした後は、できるだけその日のうちに、遅くとも翌日にはお礼や挨拶のメールを送るようにしましょう。

　名刺交換時に、相手の仕事内容を確かめ、**自分ならどういうことで相手の役に立つことができるのか**などを提案してみましょう。どちらかというと自分の仕事の宣伝ばかりになりがちですが、相手がメリットを感じる話を展開するとファーストメールも読んでもらいやすくなります。

　また、名刺交換時に相手から宿題をもらうのもひとつの方法です。「その件は一度検討させていただけますでしょうか」と持ち帰り、相手の望む回答、または新たな提案をしてみるなど、いろいろなアプローチが考えられます。これでファーストメールを読んでもらえる確率がグッと高くなります。
　その時の相手の印象、会話を忘れないうちにすぐにメモすることも重要です。

昨日は名刺交換をさせて頂きありがとうございました。

その時お話しに出てきました、
今年の夏に開催予定の御社のイベントの件です。

弊社の講師とコラボ形式でのセミナーはいかがでしょうか？
御社のエコプロジェクトに合わせた話をさせていただきながら、
同時にオンラインでの配信も可能です。

もしご興味がおありでしたら、
ぜひ一度詳しくお話させていただければと存じます。

何卒ご検討頂きますようよろしくお願いいたします。

　また、メールマガジンを配信している場合は、名刺交換時に「●●についてのメールマガジンを配信していますが、今後お送りしてもよろしいでしょうか？」と確認しておくとよいでしょう。

10 メールでの営業はあせらずじっくりと

お客様と一緒にゴールに向かって

　メールだけで仕事を獲りたい、商品を売りたいと考えている人はたくさんいらっしゃいます。しかし、多くの人は押し付けがましい独りよがりのメールになりがちなため、思ったほどの結果を残せないでいます。

　知らない人からいきなり物を買うようすすめられたら、迷うことなく購入しますでしょうか？　普通であれば躊躇しますよね。しかし、信頼できる人から「この商品はいいよ！」とすすめられたら「あの人が言うなら……」と購入する割合はグッと高くなるでしょう。大切なことはメールでのコミュニケーションにより、信頼関係を築いてお互いの距離を縮めいくことなのです。

　メールでの営業は、長い目で見てこつこつと真摯な対応を取り続けることが大切です。そういう意味でメール営業はたとえるなら一気に勝負を決める短距離走というよりは、伴走者としてお客様と一緒にゴールに向かって走るマラソンのようなものと言えるでしょう。情報という潤いを与えつつ、ポジティブな言葉で応援しつつ、そしてお互いが喜びを共有する時が来る。メールでの営業はリアルでの営業となんら変わりがないものなのです。

11 メールとあなたの印象はリンクする

ファーストメールはじっくりつくる

　本書を読んであなたのメールが変われば、いつもは返してくれないお客様からの返信メールもきっと増えていくでしょう。そして好印象のあなたのメールは初めてのお客様にも大きく影響を与えます。まだ何も知らないあなたのことを、ファーストメールの印象とリンクさせながらインプットするからです。

　何を言いたいのかわからないメールや、言葉遣いがなっていないメール、独りよがりのメールを送ってしまったら、「仕事ができない人」「自分勝手な人」というイメージを持たれてしまうでしょう。

　しかし、あなたが送るファーストメールは、ルール、マナーをしっかり守った、読みやすく心遣いのあるメールですから、相手は「まじめな人」「仕事熱心な人」「仕事のできる人」などの好印象であなたをイメージすることになるでしょう。この差は大きいと思いませんか？

　初めてのお客様にメールを送ることになったら、あせらず、もう一度この章を読み直してじっくりつくってみましょう。時間がかかっても構いません。あなたのイメージを決めるファーストメールはそれだけ重要なのです！

Column

出版の打ち合わせの日に
あの大地震に遭遇

　2011年3月11日14時46分18秒、日本の太平洋三陸沖を震源とした東北地方太平洋沖地震が発生しました。

　私はその日、本書の出版社である同文舘出版で、担当編集者さんと打ち合わせをしていました。出版までの具体的なスケジュールを詰め、がんばるぞ！　とモチベーションを上げて出版社を出たのを覚えています。そして地下鉄の入口に向かって大通りを歩いている時に、あの巨大地震と遭遇したのです。

　「いつもの地震とは違う！」地面が波のように大きく左右に揺れ、「これは大変なことが起きている……」と恐怖に身がすくみました。歩道を歩いていた人はほとんど大通りに飛び出していました。それから御茶ノ水駅まで歩きましたが駅前は黒山の人だかり。駅のシャッターも閉まり、仕方なく徒歩で自宅へ帰ろうとJR中央線沿いに歩き始めました。

　地震発生時から携帯電話はまったくつながりません。メールは何とか使えましたが送受信に時間がかかっているようでした。タブレット端末を持っていたのでTwitterとFacebookにアクセスしたところ普通に使うことができました。途中で状況を投稿したり、情報を収集しましたが、私が投稿したことで妻や知人が私の無事を知り、行動を確認することができたのでした。そして6時間かけて無事自宅に帰ることができました。こうして出版された本書は、私にとって忘れることのできない1冊となったのです。

7章

これからのメディアで
ビジネスメール応用術

01 ノマドワーキングでどこでもメール活用

いつでもどこでもメールがやり取りできる環境をつくろう

オフィスなどの特定の場所にこだわらないで仕事をすることを「ノマドワーキング」と言います。

また、場所を選ばず携帯端末やタブレット端末、ノートパソコンなどで仕事をこなす人を「ノマドワーカー」と呼び、最近はその数も確実に増えてきています。

無線 LAN などのインターネット環境が整い、携帯端末やスマートフォン、タブレット端末などを使い、カフェや公共施設、移動中の電車など、さまざまな場所で仕事をすることが可能となりました。メールも WEB メールを利用すれば、自宅や外出先からなど、ネットにつながる場所ならどこでも送受信ができます。

私は仕事柄、メールアドレスを 15 アドレスほど管理していますが、受信するメールすべてを Google が提供する無料メールサービスの G-mail に転送しています。たとえ外出中だったとしても、携帯端末やタブレット端末でメールを確認することができますので、すぐに対応が可能なのです。

例えば、いつもメールのみで仕事を進めているお客様から「急ぎの仕事なのですが、対応可能でしょうか？」というメールを頂いた

とします。

　しかし、外出先でメールをチェックすることができない場合、翌日になって「一日中外出していたためメールを確認できませんでした」というメールを送ったとしたら、お客様はどう思われるでしょうか。

　もちろん、メール以外の連絡手段を交換しておくということは必要なことです。しかし、メールを送らせて電話もさせるというのは相手に少なからずストレスを与えます。

　これからのビジネスでは、**素早い対応が不可欠**です。相手からのメールを確認できれば、とりあえず受領のメールを送る、電話をする、などいくつかのアクションを起こすことができます。

　たったそれだけで相手は安心することができるのです。その素早い対応の積み重ねが、お客様との信頼関係をより強いものにしていきます。外出先ではせめてメールのチェックができるくらいの環境づくりはしておきましょう。

　メールをはじめ、後述のソーシャルメディアなどもそうですが、これからはさまざまなメディアを活用して時間や場所にこだわることなくコミュニケーションをとることができるようになります。そして、そこにビジネスメールと同じ心遣いのライティングが応用できるのです。

　本章では携帯メールの活用法や、さまざまなメディアへのメールライティングの応用法をお伝えしようと思います。

02 G-mail を使ってみよう

どこからでもメールをチェック

 ところであなたはメールデータのバックアップをしていますか？ 前の項で私はすべてのメールをG-mailに転送していると書きました。これは自動的にメールをG-mailにバックアップしていることになるのです。

 もしまだ利用していないのであれば、無料で利用できますのでぜひ登録して使ってみてください。

 まず、あなたが受信するメールをすべてG-mailに転送するように設定します。そして、あなたが送信するメールのBCCに、毎回あなたのG-mailのアドレスを入れるようにします。これで、あなたが受信したメール、送信したメールのすべてをG-mailにバックアップすることになります。

 保存容量も大きいので、過去のメールを削除する必要はありません。Googleのサービスだけに検索機能も優秀ですので、キーワード検索すると過去数年間のデータから数秒で探してくれるのでとても便利です。

 登録や詳細についてはGoogleのサイト（http://www.google.co.jp/）でご覧ください。

 また、最近はG-mailをメインのメールとして使っている方も増

えてきましたが、企業によってはフリーメールの送受信を禁止しているところもありますので、事前に確認しておく必要があります。

　出張や外出先でどうしてもフリーメールを使わなければならない状況になった場合は、CCに自分の仕事用のアドレスを入れて、次のようなひと言を入れて送りましょう。

出張中のためいつもと違うアドレスにてお送りしております。
お手数ですが、返信は会社のアドレスにもお送り頂きますと助かります。

　このひと言で相手も安心して仕事を進めることができるのです。

03 携帯からパソコンへ送るメールの注意点

携帯メールこそまずは名乗ろう

　前々項で、これからは外出先でもメールをチェックしましょうと書きました。となると、携帯端末からメールを送るケースも出てくるでしょう。

　その時に気をつけてほしいのは、最初に「**宛名**」と「**名乗り**」を入れることです。プライベートで携帯メールのやり取りをする場合、お互いがアドレス登録をしていることが多いので、受信メールに送信者名が自動で表示されます。そのため、名乗る必要性がなく、いきなり本題から入るということが習慣化しているのです。

　しかし、外出先から仕事先の相手のパソコンに送るケースでは、パソコンにあなたの携帯メールアドレスが登録されていない可能性が高く、メールを送っても送信者名が表示されないということが考えられます。

　さらに携帯メールでは署名を入れないことも多く、最後まで読んでも誰から送られてきたメールなのかまったくわからないという事態も起こり得るのです。

　入力時の注意としては、携帯では文字が詰まってしまうので、視

認性をよくするためにできるだけ改行を多くします。

【携帯からパソコンへのメール作成例】

改善前

お世話になります。
来月の納品の件ですがすでに紙の手配はできておりますでしょうか？実は部数の変更がありそうですので、まだでしたらちょっと待っていただけますでしょうか？

改善後

株式会社立川美術印刷
村上正雄様

お世話になっております。

株式会社光プリント工房
の原です。

来月の納品の件ですが、

　また、携帯端末で一所懸命入力しても、相手のパソコンで開くと、思った以上に短い文章になってしまい、「なんだこのそっけないメールは！」と相手に不快感を与える可能性もあります。

　そこで本文に一言、「携帯メールにて失礼します」と入れておきましょう。

改善前

小林様

桜井和之です。

明日13時に直接伺います。
よろしくお願いいたします。

改善後

小林様

桜井和之です。

携帯メールにて失礼いたします。

明日13時に直接伺います。
よろしくお願いいたします。

　最初に前置きがあれば、相手も携帯でメールを打っているあなたの姿を思い描きながら読んでくれるでしょう。

04 パソコンから携帯へ送る メールの注意点

携帯の視認性を考えて文字数に注意

相手が携帯でメールを受けるとわかっている場合に、パソコンからメールを送る時も注意が必要です。

まず、携帯からパソコンへ送る時と同じように、必ず**冒頭に「宛名」と「名乗り」**を書きましょう。相手が電話帳にメールアドレスを登録していないと送信者名は表示されません。おそらく、メールアドレスがそのまま表示されることが多いでしょう。名乗りがないとメールを開くのも不安ですし、本文を読んでもだれから送られて来たメールなのかわからず、混乱を招き、トラブルの元になります。

また、パソコンでメールの文章を作成しますとつい長文になりがちです。必要最低限の情報にして、できるだけ短い文章を心がけましょう。

通常のメールと違い、読点で改行させずに**句点で改行して、さらに空行を入れて１行空けます**。パソコンで見ていると不自然に感じますが、視認性の悪い携帯の場合はこのほうが見やすく表示されます。

【パソコンから携帯へのメール作成例】

●パソコン画面では、このように入力

桜井和之です。

いつもお世話になっております。

私は明日13時に直接会場に伺います。

よろしくお願いいたします。

●携帯画面では、このように表示されます。

桜井和之です。

いつもお世話になってお
ります。

私は明日13時に直接会
場に伺います。

よろしくお願いいたしま
す。

05 メールマガジンは1対1を意識して

大量配信から独自配信へ

今は情報を発信するためのツールがたくさんあります。「今までこれを使ってたけど、新しくあれが出てきた！」「今度はあれがいいそうだ！」こうして次々に新しいツールが登場してくるという流れは、これからも変わらないでしょう。

ここで知って頂きたいのは、**どれもみな「ツールのひとつにすぎない」**ということです。手当たり次第に使うのではなく、自分のビジネスにはどのツールが合っているのか、また必要であるのかをしっかり見極めて利用するということが大切です。

メールマガジン（以下メルマガ）は新しいメディアではありませんが、ビジネスに活用できる強力なツールですので、あえてここで紹介させていただきます。「メルマガを読むことはあっても自分で出すなんて考えたことない」という方もいらっしゃるかもしれませんが、せっかく本書で好印象を与えるメールの決まりごとを学んだわけですから、情報発信のひとつのツールとしてビジネスでのメルマガの配信も考えてみてはいかがでしょう。

以前に比べるとメルマガブームも落ち着いた感はありますが、一度に多くの人に情報を配信できるメルマガをビジネスに上手に活用

している人はたくさんいらっしゃいます。

　メルマガをビジネスで利用するメリットとしていくつかあげると、

・読者とコミュニケーションをとることができる
・会社または個人のブランディングに使える
・速効性がある
・アンケートで情報を集めることができる

　などがあります。まだ他にもたくさんあるのですが、これだけでも十分メルマガを発行するメリットがあるのではないでしょうか。

　メルマガは大きく分けると、**無料配信スタンドからの配信**と、**有料の独自配信システム**の二つがありますが、これからメルマガを始めたいという方には、配信スタンドをレンタルして自分で配信する独自配信をおすすめします。メルマガの内容は、仕事のことに限らず趣味や自分の得意分野についてでもいいでしょう。大切なのはひとつのテーマで長く続けられるコンテンツを見つけることです。

　独自配信にすると、相手の名前を本文中に差し込むことができるので、より親しみをこめた表現が可能です。メルマガといえば、私の師匠の平野友朗さんはアイ・コミュニケーションの代表であり、「日本で唯一のメルマガコンサルタント」として有名ですが、その平野さんが「これからの時代、メルマガはメールに近づきます」と言っています。であればなおのこと、メールにおけるルールやマナー、心遣いのライティングを修得することが重要となってきます。

【開いてもらう件名とは】

　メルマガもビジネスのメールと同じで、まずは見つけて開いてもらわなくては意味がありません。本書の２章でもメールの件名の重要性について書きましたが、メルマガの件名も、具体的に何についてのメルマガなのかがわかるように付けます。メルマガは通常のメールとは違い定期的に配信するものですから、毎回「あのメルマガだ」とわかるように、件名に「媒体名」または「発行者名」を入れておくのもいいでしょう。また、件名に相手の名前を入れるのも効果的です。

　ただし、開かせたいがために奇をてらった大げさな件名は、その時は開いてくれたとしても信用を失い、結局お客様が離れていくことになりかねないので注意が必要です。

【メルマガの件名例】

0.1％にこだわった仕事【メルマガ成功法】vol.585
【4/12 メディカツ Good News】本日 20:00 から UST 配信！
無力感を乗り越える カウンセリング心理学 2011.4.14
【９０日成功への道】水越さん おはようございます！

【大切なあなたへのメール】

　独自配信で発行すれば相手の名前が本文に表記されますので、相手から見ると、自分に送られてきたメールだと強く感じることになります。１対１を意識したメルマガをつくると、開封率も自然に高くなっていきます。

【本文はメールと同じで見やすさが重要】

　3章でも見た目の大切さを説明しましたが、読みづらいメールは読者離れが起きやすくなります。メルマガもメールと同じように視認性が重要です。手動改行で20から30文字で改行して、3～5行で1～2行空行を入れるようにします。

さて、Facebookですが、私の友人でも
登録する人が増えてきました。

高橋さんの周りではいかがですか？

ソーシャルメディアをビジネスで活用するには、
「Twitterで拡散して、Facebookで深掘りしよう！」
などと言われていますね。

確かにFacebookでコミュニケーションは深まります。
とくに「いいね！」ボタンは気軽に押せますし、
リンクが自動的に貼られるので使わない手はありません。

【送る相手は慎重に】

　平成20年に特定電子メール法の改正がありました。メルマガを利用する人は必ず、総務省の特定電子メールの送信等に関するガイドラインを読んでおきましょう。
　とくに気をつけなければならないことは、許可がない相手に送ってはいけない、登録時の情報を保管しなくてはいけない、などです。

名刺交換時に相手の名刺にメールアドレスが記載してあれば、ひと言「メルマガお送りさせて頂いてもよろしいですか？」と話して同意をもらうようにしましょう。

そしてメルマガには解除することができる方法を記載し、ワンクリックで解除フォームが表示されるようにしましょう。

このメールの受信停止を希望される方は、下記 URL をクリックしてください。
http://www.hanjo-mail.biz/merumaga.html
画面上で「配信拒否」ボタンをクリックすると配信が停止されます。

---

06 ソーシャルメディアでも思いやりのあるライティングを

相手の顔が見えないからこそ心遣いを

　私は2009年からTwitter、2010年からFacebookなどのソーシャルメディアを使い始めました。Twitterとは、140文字以内の短い文章を投稿（ツイート）して大勢の人と共有する無料のサービスです。Facebookは実名登録制で、文字だけでなく、写真や動画も投稿できる同じく無料のソーシャル・ネットワーキング・サービスです。その登録者数もどんどん伸びて来ており、従来、情報発信ツールとして使われてきたブログやメルマガに加えて、これらのソーシャルメディアが新たな情報発信やブランディングツールとして活用されています。

　しかし、無料で手軽に始められる魅力的なツールではありますが、使うのは人であり、コミュニケーションをとる相手も当然、人。お互い気持ちよく楽しく利用したいものです。
　そこで、ビジネスでのメールコミュニケーションのノウハウが、ソーシャルメディアを利用する際にとても役に立つのです。

　Twitterは140文字という文字数の制限があるため、言葉が足りず何度もやり取りして効率が悪くなったり、誤解を生んでトラブルになることも少なくありません。メールよりも気軽に投稿できるた

め、つい独りよがりな言葉にもなりがちです。ビジネスで利用するからこそ常に相手のことを思いやりながら、心遣いのある気持ちのこもった正確な情報を届けたいものです。

　ソーシャルメディアをビジネスに活かしていくということは、結局はビジネスにおけるメールと同じく、効率的に仕事を進め、そしてコミュニケーションを深めてより強固な信頼関係を築いていくために活用するということなのです。

　「Twitterだけで仕事が獲れた！」「Facebookだけで仕事を進めることができた」という話も聞くようになってきました。
　個人であったり知り合い同士ではそういったケースもあるでしょうが、企業が相手ですと、まだまだ電話やメールでのコミュニケーションが主流です。
　しかし今後は、メールでのコミュニケーションをしっかり自分のものにして、そしてそのノウハウをソーシャルメディアに活かすことで、新たなビジネスチャンスが生まれる可能性は大いにあるでしょう。

07 ブログで手軽にコミュニケーション

メルマガとリンクさせてアクセスアップ

ブログも手軽に始められるコミュニケーションツールのひとつです。先に書きましたメルマガは速効性はあるのですが、メールと同じく一度送信ボタンを押してしまうと取り消せないというデメリットがあります。しかしブログは、一度記事をアップしても修正ができます。更新したら、メルマガやTwitterなどでリンクつきで紹介するなどしてたくさんの人に見てもらいましょう。

企業や商品の認知度を上げるためにブログを立ち上げることは有効だと思いますが、**ブログはメルマガ以上に更新頻度の高さが求められます**。更新が滞ると逆効果にもなることもありますので、よく考えてから取り組みましょう。しかし、定期的な更新を繰り返し、お客様との距離が近づきファンになってもらうことができれば、予想以上の効果を得ることも可能です。

なお、無料ブログでは商用利用できないものもありますので、事前に調べてから利用してくださいね。

【あなたのファンになってもらうコンテンツを】

ファンになってもらうからといって、何か特別なことを書かなけ

ればならない、ということではありません。あたなたしか知らないこと、つまり、あなたが見たり聞いたり体験したことを記事にすればいいのです。「そんなことわざわざ書くことのほどでもないのでは……」と思うかもしれませんが、あなたが「たいしたことではない」と思うことの中に、実はみんなが共感したり喜んだりすることがあったりするのです。

　ブログを見て共感してくださった人は「このブログを書いてる人から購入したい」、「この人が進めてくれる会社と仕事がしたい」、という感情が起きてくることを知っておくべきです。そうすれば、自然にどんな記事を更新していけばいいのかわかってくるでしょう。

　そして心遣いの言葉や感謝の言葉をできるだけ使って、ポジティブで前向きな文章を心がけましょう。ビジネスで利用するブログでは、独りよがりでネガティブな表現はできるだけ使わないようにしたいですね。

【コメントにはすぐに返事を】

　ブログは更新頻度を高めることも重要ですが、その記事にコメントが付いた場合は速やかに返事を投稿しましょう。ぜひ、5章を参考にして心遣いのあるコメントを返信してください。ビジネスを意識したブログの場合は、返信コメントがないというのは相手に不快感を与えるだけでなく、信用をなくすことにもなりかねません。

　もし返信に対応するのが送れた場合は、遅れたことを素直に謝罪しましょう。4章を参照しながら文章をつくってみてください。

08 ビジネスで Twitter を使うには

短い文章は言葉遣いを慎重に

　Twitterはフォローしてくれている人数が多ければ、一回の投稿で大勢の人が読んでくれて、一度に広く情報を伝えることが可能となります。企業などでは、顧客サポートや顧客エンゲージメント（顧客との深い結び付き）、販促プロモーションなどで使われはじめています。

　Twitterを開設する際は、**個人または社員として使うのか、その場合会社名は出すのか、担当者の名前は公表するのかしないのか**など、それぞれの立場によってツイートの内容も変わってきますので、事前に会社側との打ち合わせが必要です。

　とくに会社名を出すのであれば、会社や仕事の情報をどこまで出してよいのかなども決めておきましょう。これが曖昧だと思わぬところで情報漏洩となり、後々問題に発展する可能性もありますので十分注意してください。

　Twitterで投稿できる文字数は140文字以内と決まっています。文字数を意識するあまり、言葉が足らずにトラブルになるというケースもあるようです。伝える情報量が多い場合などはメールなどと併用して使うようにしましょう。

また、相互フォローした相手にしか見ることのできないDM（ダイレクトメッセージ）を利用する場合、主語や主体のない情報を送りやすいため、何度もやり取りするという非効率なケースが多いようです。

連絡がとれたらお願いします。　…　×

⬇

北山さんと連絡がとれたら右田さんに報告をお願いします。　…　◎

14日はいかがですか。　…　×

⬇

すべて20時からです。14日（月）、17日（木）、29日（火）でご都合のいい日をお知らせください。　…　◎

どこ？　…　×

⬇

どちらにその情報が出ているか
教えて頂けますでしょうか？　…　◎

　これはビジネスのメールでもよくあるケースですね。とくにTwitterをビジネスで利用する場合、顔の見えない相手と少ない文字数でコミュニケーションをとることになるので、言葉の選び方、使い方には十分注意してくださいね。

09 ビジネスには Facebookページを使おう

実名で楽しくコミュニケーションを

　Facebookはアメリカで爆発的人気となり、今ではソーシャルメディアの代表的な存在になっています。日本ではFacebook特有の「実名登録」と「顔出し」は流行らないと言われていましたが、テレビや雑誌でも取り上げられて認知度が上がり、登録者は確実に増えてきています。

　Facebookは自分で文章を投稿したり、写真や動画をアップロードすることができます。また、ブログと同じように記事を投稿するノートという機能もあります。

　しかし、**Facebookの一番の特徴は「いいね！」ボタンにあります**。「この記事おもしろい！」「感動した！」と感じたら、その記事にある「いいね！」ボタンを押します。すると、押した人の名前でリンクが貼られ、さらに押した人の名前や人数が表示されます。これにより、共有した人たちの間に連帯感が生まれ、記事を書いた人のモチベーションも高まるのです。

　Facebookをビジネスで利用するには、「Facebookページ」を作成しましょう。Facebookページはひとつのアカウントで何種類、何ページでもつくることができます。簡単に開設できますのでぜひ試してくださいね。

　もちろん、ビジネスだけではなく、趣味や自分の得意分野の

Facebookページをつくって、楽しみながら勉強するのもいいでしょう。私もビジネス用の「メディアコミュニケーション活用塾（メディカツ）」と、趣味用の「懐かし！　ブリキ、プラモデル、昭和のおもちゃ」という二つのFacebookページをつくって管理しています。よろしければお寄り頂き、気に入って頂きましたらぜひ「いいね！」ボタンをクリックしてくださいね！

●メディアコミュニケーション活用塾（メディカツ）
　https://www.facebook.com/medikatsu
●懐かし！　ブリキ、プラモデル、昭和のおもちゃ
　https://www.facebook.com/showaomocha

　Facebookをビジネスで活用するために大切なことは、投稿してくれたり、コメントを付けてくれた人たちと楽しくコミュニケーションをとることです。素早く、誠実に対応することにより、あなたへの信頼度が高くなりファンになってくれる期待が大きくなります。そしてここでも「メールで好感を持ってもらう」ために学んだこと、曖昧な言葉を使わない、心遣いのあるメッセージを、素早く投稿する、といったルールを応用して使えます。

　これから自信を持ってコミュニケーションをとっていけるよう、早速実践していきましょう！

Column

USTREAM の巻き込み力はすごい！

　本書の中では触れていませんが、USTREAM というライブ配信はなかなかおもしろいツールです。特徴的なのは Twitter での投稿がリアルタイムで画面に流れる仕組みです。視聴者との間に一体感が生まれ、コミュニケーションを図るのに最適です。ビジネスで上手に利用すれば大きな効果を生む可能性が十分あります。

　私が毎週火曜日の 20 時から 1 時間配信している「メディアコミュニケーション活用塾（メディカツ）」は、毎回ゲストをお呼びして対談する番組です。出演してくださった方は「1 時間があっという間だった」と言ってくださます。

　第 36 回に出演頂いたコピーライターの小川晶子さんの時は、小川さんの魅力溢れるお話で盛り上がり、

私　：「小川さん、何か告知ありますか？」
小川：「セミナーがあるんですけど明日なんですよ」
私　：「明日ですか〜、ちょっと急ですね〜」

　と話をしていると、やがて配信を見ている人から「今、申し込みました！」というツイートが次々に投稿され、なんとその場で 4 人の方がセミナーに申し込んでくれたのでした。

　第 39 回のフリーライター山口拓朗＆彩塾代表 MOMO 夫妻が出演くださった時は、山口さんが出版したばかりだったので本の宣伝をすると、その場で「たった今ネットで購入しました！」というツイートが。中にはなんと 10 冊も購入してくれた人もいました。いやいや、USTREAM 恐るべし！

あとがき

　時代とともにコミュニケーションツールは変わっていきます。電話が登場し、やがて FAX が使われ始め、そして今、電子メールがビジネスの現場で使われています。

　しかし、すでに電子メールの技術は新しいものではありません。使い勝手の面からも新たなコミュニケーションツールの出現が待たれていました。そこに、Twitter、Facebook などのいわゆるソーシャルメディアが注目され始めてきたのです。

　私自身も、ソーシャルメディアは仕事をしていく上でなくてはならないツールとなっており、もっと多くの方にその魅力をお伝えしようと、ソーシャルメディアをビジネスで活用するためのセミナーを開催しております。

　しかし、ちょっと考えてみてください。今、ビジネスを進めていく上で一番使用頻度の高いツールは何でしょうか。Twitter、Facebook などのソーシャルメディアでしょうか？　本書を手に取って頂いたあなたには、おそらくメールでしょう。そして企業でも BtoB（企業間取引）の情報伝達の主流はまだ圧倒的に電子メールというのが現実です。

　それだけにビジネスメールのルールの標準化を広めていくことが急務なのです。顔の見えない相手と文字情報でコミュニケーション

をとるということは、ソーシャルメディアも電子メールも基本的には変わりません。

つまり、ビジネスにおけるメールコミュニケーションのノウハウを知ることにより、ソーシャルメディアにも応用できるということなのです。

今やパソコン以外にも、携帯、スマートフォンなどさまざまな端末を活用してビジネスを進めることが必要な時代になってきました。

しかし、ネットでのコミュニケーションの方法は、自らインターネットや本などで調べなければならないのが実情です。

子どもたちの遊ぶゲーム機でさえ、ネットでコミュニケーションがとれます。しかし、そのやり方は学校も親も教えてくれません。ネットからの情報や友達同士の交流の中で、見様見真似で覚えていくしかないのです。

やがて携帯メールを利用し始めますが、やはり専門家が教えてくれる場所はありません。メールについての情報は教科書に申し訳なさそうに載っているだけです。学生から社会人になって仕事を始める時、メールの研修が必要な理由がここにあります。

いずれは子どもたちが義務教育でしっかりとメールコミュニケーションについての授業を受けられる日がくるかもしれませんが、それまでは私たちが少しでもお役に立てればと思っております。

そして今、とにかく一人でも多くのビジネスパーソンに本書を読んでいただきたい、それが私の一番の願いです。

今回初めて出版という機会を与えられましたが、右も左もわからない私に優しく、そして時には厳しくご指導くださった同文舘出版の古市達彦さん、津川雅代さんに心より感謝申し上げます。

　また、ビジネスメールの師匠である平野友朗さん、ビジネスメール・インストラクター仲間である小田順子さんにはいろいろとご協力いただきました。この場をお借りしてお礼申し上げます。

　そして、夜遅くまで一緒に校正に付き合ってくれた妻や、いつも励まし続けてくれた家族がいたからこそこうして形にすることができたと感謝の思いでいっぱいです。本当にありがとう！

水越浩幸

【参考文献】

『ビジネスメールを武器にする方法40』
(平野友朗著／講談社)

『言いたいことが確実に伝わる　メールの書き方』
(小田順子著／明日香出版社)

『考えすぎて書けない人のための1分間メール術』
(神垣あゆみ著／フォレスト出版)

『ビジネス文章5ステップ上達法』
(堀内伸浩著／合同フォレスト)

『敬語使いこなしパーフェクトマニュアル』
(井上明美著／小学館)

著者略歴

水越　浩幸（みずこし　ひろゆき）

1960年、東京都小金井市に生まれる。
現在、もうすぐ創業100年になる印刷会社、有限会社ミズコシ代表取締役。
アイ・コミュニケーション認定ビジネスメール・インストラクターとしてビジネスメールの標準化を広めるべく、講演、セミナー、研修を開催している。また、メディアコミュニケーション活用塾を主宰しており、USTREAMで毎週定期的に著名なゲストを招く「メディカツ」という対談番組を配信。Twitter、Facebookなどのソーシャルメディアの活用法についてのセミナー、講演では毎回定員をはるかに超える応募がある。
現在の夢は家族3人でのライブ演奏。Macと昭和のおもちゃをこよなく愛する。

Website：http://hanjo-mail.biz/
Blog：http://ameblo.jp/hanjo-mail/
Twitter：http://twitter.com/daihanjo
Facebook：http://www.facebook.com/medikatsu
USTREAM：http://www.ustream.tv/channel/medikatsu
Youtube：http://www.youtube.com/user/medikatsu

ビジネスで好印象を与える メールの7つの決まりごと

平成23年6月7日　初版発行

著　者 ── 水越浩幸

発行者 ── 中島治久

発行所 ── 同文舘出版株式会社
　　　　　東京都千代田区神田神保町1-41　〒101-0051
　　　　　電話　営業03（3294）1801　編集03（3294）1802
　　　　　振替 00100-8-42935　　http://www.dobunkan.co.jp

©H.Mizukoshi　　　　　　　　　　　印刷／製本：萩原印刷
ISBN978-4-495-59381-0　　　　　　Printed in Japan 2011

| 仕事・生き方・情報を | DO BOOKS | サポートするシリーズ |

ビジネスは、毎日がプレゼン。
村尾 隆介著

年間100回を越える講演でファン続出！の著者が教える、あなたのキャリアや人生がもっと輝く！プレゼン上手になるための新しい発想法と「伝える」技術の磨き方　**本体1400円**

10分で決める！
シンプル企画書の書き方・つくり方
藤木 俊明著

"5つつぶやき"だけで企画書が書ける！「つくる人に負担をかけない」、「読んだ人がすぐ判断できる」企画書＝「シンプル企画書」のつくり方を完全伝授　**本体1400円**

ミスを防ぎ、仕事をスムーズにする
オフィス事務の上手なすすめ方
オダギリ 展子著

ファックスを送信する、コピーを取る、書類を整理する——誰でも活用できる事務仕事をカンタンに効率化する工夫が満載。あなたの仕事はまだまだ効率化できる！　**本体1400円**

エクセルの3つの機能で仕事のスピードを加速する
デスクワークを3倍効率化するテクニック
奥谷 隆一著

いつも手作業でやっている仕事をあっという間に終わらせる！　エクセルの3つのツールの基本的な使い方を、すぐに実践・応用できるケーススタディで解説　**本体1500円**

今すぐ身につき、自信が持てる！
新人のビジネスマナー
元木 幸子著

挨拶、コミュニケーション、ホウレンソウ、敬語、電話応対、ビジネス文書、来客・訪問、整理整頓など、困ったときに知りたい基本ルールをわかりやすく解説　**本体1300円**

同文舘出版

※本体価格に消費税は含まれておりません